快乐“余”言

余惕君／著

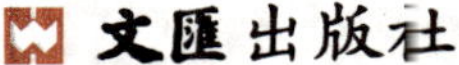

文匯出版社

自序

少年、青年、壮年，往事历历似乎还在昨天，转眼人生已进入秋天。想起了一首禅诗：春有百花秋有月，夏有凉风冬有雪；若无闲事挂心头，都是人间好时节。

秋天是含蓄的，秋天是成熟的，秋天是金黄的，秋天是宁静的。她经历了春的繁盛、夏的热烈，不再追逐红尘的繁华，不再在乎世俗的赞誉，静静地将一地落叶依偎尘土，悄悄地将一抹余晖融入落日……那一片浓浓的秋思，如甘醇般地美，如梦幻般地醉。秋是人生收获的季节。

此生尽管不“多彩”，但也可谓“丰富”，在历经宦海、学海、商海，从事了诸多职业后，岁入“天命”，有幸亲闻佛法，“那一天，闭目在经殿的香雾中，蓦然听见你诵经的真言”，这才明白，做人才是此生不离不弃的职业；安心才是此生不懈不怠的追求。智慧常现，不垢不净；法生慧命，不生不灭。

望不穿的秋水，看不尽的红尘，人生如梦，往事如烟……轻叩心扉，随记所悟，于是就有了眼下的这本《快乐“余”言》。之所以取名“快乐‘余’言”，一是因为快乐是各人自己的感受，我来道之，似乎是“余言”；二是因为那是我的一家之言，本人姓“余”，故谓“余”言；三是因为快乐的确和“余”相关，时有余暇、袋有余钱、事有余地、常有余兴、家有余庆……

“为学日增，为道日损”，思想，需要经验的累积；灵感，需要孤独的沉淀；最细致的体验，需要最宁静的观照。人生最大的苦是什么？是为欲所驱而不得停，是为利所牵而不得止，是为情所困而不得解，是为名所累而不得休。人生最大的苦，不是来自生命本身的需求，而是来自内心的贪欲。为此，千百年来，儒家重“正心内敛”；道家讲“适者有寿”；佛家倡“奉行中道”。而此时此刻，我的心念只是一个字，那就是

“半”。看破浮生过半，半之受用无边，心情半佛半仙，名利半藏半显，一半还之天地，一半浮云清闲，半智半愚，半梦半醒，半喜半忧，半忙半闲，半在自我，半在自然，享一半清福受一半累，留一半清醒留一半醉……

《快乐“余”言》文字很短，但却是我半世的结晶，万法皆在自心，自心中可悟见真如本性。但愿能与读者诸君引起共鸣，自在解脱，观照本心。

本书的一“半”内容，之前曾由中国移动和中国联通作为短信发布于国内的二十余个省市，在此也谨作“半”句声明。

目录

明心见性

参透生命，常观自心
知识外求，智慧内寻
慈悲喜舍，明心见性

明心，就是参透生命；见性，即为修炼内心。常观自心会使人获得一种内在的自信和宁静，用心灵去追求人生的真谛，则使自己真正成为自己的主人。

人长两只眼，一只向外看，一只向内寻。“觉”即“醒”，“悟”即吾心，要随时倾听自己内心的声音。快乐不快乐，关键在平衡，平衡不平衡，人心是杆秤。

慈悲既是对人，也是对己。人要有“爱心”，而前提是“爱”自己的“心”。一个人如果连自己都不爱，怎么可能爱别人？“以己度人”，就是自觉觉他。

“慈悲喜舍”：慈者，仁爱心；悲者，同情心；喜者，欢喜心；舍者，分享心。开悟即明心，明心既见性。如此，便能“常乐柔和忍辱法，安住慈悲喜舍中”。

欲求长寿，应先祛病；欲求除病，当明用气；欲明用气，先当养性。养性之法，当先调心：内守于静，先守于敬，寡欲清心，正心养心。

知识向外求，智慧向内寻。人不要生死漂浮，追月逐花，尘劳奔忙，烦恼无涯，只顾赶路，不知要到哪里，忘了为何出发，真作假来假作真，临终落个大后悔。

积极思维，永远倾听内心声音。从生命与物质的“本命”，发展到精神与文化的“本色”，提升到心灵与宗教的“本心”，我们拾阶而上，便能进入人生觉悟的妙境。

科学，因为有而信；信仰，因为信而有。现代人依靠卫星、宇宙飞船对太空已知之不少，但遗憾的是，我们可以登上月球，却难以走进自己的内心。

人对事不应有成见，对人不应有偏见，对社会不应有邪见。正见是悟，邪见是迷，人要“转迷成悟”，不仅要眼有看见，更要心有正见。

忙时静心，闲时练心，怒时制心，贪时修心，时时观心，修持的要义就是不断地向内看，检验、反省自己的内心。只要你能伸出援手，利乐众生，你就是活观音。

“我”字，就是一个“找”，找到了觉悟的一撇，便明心见性。“我”字是一个圆形结构，从一撇开始，到一点结束，人寻找自我的过程，就是追求人生圆满。

人的一生就是寻找“我”的一生，但何时才能找到“我”？真正找到“我”，恰是忘了“我”，“不是无我不是我，真我恰恰是无我”。

医生治身，佛法治心。救世必须先救心，救心先须救自心，一分善念一份福，一分功德一份情。慈能予乐，悲能拔苦，喜能忘忧，舍能祛病。时时轻安自在，日日法喜充盈。

我们不仅要用眼睛去看待生活，更要用心去品味人生；既要追求看得到的物质，也要享受看不见的精神；既要照顾好身体，也要关照好心灵。

不堪生活之重，实在是因为人生沉重的行李里有不少东西并不需要，完全可以丢弃。人生是趟旅行，为了惬意，应当轻装前行。

平则稳，平稳；平则安，平安；平则凡，平凡；平则和，平和；平则衡，平衡；平则常，平常。平是一种常态，平是一种心态，人心平则天下平。

人心是杆秤，不要常秤自己是得多，还是失多，要常秤自己是善多，还是恶多，是爱多，还是恨多，是索取多，还是付出多。不要问外在公不公，要问内心平不平。

心若住于情，必为情所困；心若住于财，必为财所累；心若住于权，必为权所害。无形无我，才无所住；心无所住，才有“本我”。如此，便成了自己的真正主人。

人要以心转境，不要以境转心。而以心转境的前提是时刻看着心、守着心、护着心、爱着心。如此，才有力量去转境。

人生，我们自己；宇宙，生活的环境。生活，归根结底是一种人的自性的探索，人的心灵奥秘与潜力开发的努力，是要做一个“大明白人”，认识“我”自己。

改造世界从改造自己开始，改造自己从呼吸开始，心平气和，培养正念，觉知呼吸。当你安住当下，你就是在与生命相约，你就是生活在净土。

生命中有高潮，有低潮，如同波浪，那是我们的有相世界，但我们也要认清无相的水才是波浪的本质。勿以物喜，勿以己悲，唯此，我们才能达觉悟的彼岸。

心无安顿处，是人生最大的苦恼。但安心不需外力救赎，完全是自己的事。安心之法就是：诸恶莫作，众善奉行；拥有情感的支撑，找到心灵的归宿。

所谓“当心”，就是“当下的心”；所谓“安心”，就是“安于当下的心”；所谓“关心”，就是“关照自己和他人要安于当下的心”，其中的核心是“当下的心”。

当我们愤怒时，我们自己就是愤怒本身；当我们快乐时，我们自己就是快乐本身；当我们产生某些念头，我们本身就是那些念头。我们既是自己的心，也是心的观察者，为此，人要从“知觉”转向“觉知”。

聪明和智慧不同。前者面向世界，探寻自然的奥秘，后者面向人生，探索人生的意义；前者向外看，能助你过上好日子，后者观自心，能使你把好日子过好。

富贵贫贱总难称意，知足即为称意；山水花竹无恒主人，得闲便是主人；但得心安处处安，但得心闲时时闲。

你要开心。所谓“开心”，就是打开心门，不打开，那就成了“闷”。打开心门靠谁？只能靠自己，因为“一把钥匙开一把锁”。

人无法完全掌控外界环境，但应当努力调控自己的心境。横看成岭，侧看成峰，心念一转，豁然开通。为何团团转，因为绳未断，看开且放下，身轻又喜安。

“痴”，病字头下一个“知”，知识出了毛病，也就只能是“妄想”了。“愿”，“原”、“心”，那就是原生态的本心。快乐其实很容易，心情保持原生态。

养心的目标是正心。心正，就能不牵挂于外，不胡思乱想，不生气，不着意，不贪求，不牵念，不被万物累身，不被利欲熏心——内心开阔一片。

佛禅言心，有真心妄心之别异；儒家言心，有道心人心之不同。但人无二心，人人皆可有道心，妄心也能变真心，关键在于悟与不悟，迷则滞凡，悟则成圣。

天地之间，物各有主，人的思想亦如此。“有物先天地，无形本寂寥，能为万象主，不逐四时凋”。自主，就是自己做主。体态和心态决定人的生活状态。

可贵的人生是有“觉悟”的人生。“觉”是醒，“悟”是“吾心”。“觉悟”是一种清醒的心境，是一种深刻的慈悲，是一种感同身受，是一种纯然见不得他人受苦的心境。

饥时吃饭，困时睡觉，这是智者；吃饭时挑肥拣瘦，睡觉时胡思乱想，这是常人。“禅”，示、单，简单的表示。返朴归真，大道至简。

何为坐禅？外于一切善恶境界心念不起，名为坐；内见自性不动，名为坐。何为禅定？外离相为禅，内不乱为定。人于念念中，自见本性清净，自修自行。

心是生命的根本。人之心胸，多欲则窄，寡欲则宽；人之心境，多欲则忙，寡欲则闲；人之心术，多欲则险，寡欲则平；人之心事，多欲则忧，寡欲则乐。

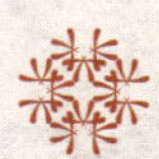

养心的目的就是觉悟。心门要开，心结要解，心担要放，心妄要除，心忧要喜，心暗要明，心狭要宽，心恶要善，心贪要舍，心迷要信，心有要空。

心若执着外境，就有生灭现起，如同水中波浪起伏不定；心若不攀缘外境，就好比流水畅通无碍，生灭便无由现起。“水中无波，愿大众回头彼岸”。

生命无常，认识于此，我们就会照料好自己，就会更加珍惜生命的每一刻，珍惜我们周围的一切有缘人和事，我们就会活得更深刻，痛苦会更少，就能更好地享受生活。

人生一世，如驹过隙。心是世界，心是一切。此心常看得圆满，天下自无缺陷之世界；此心常放得宽平，天下自无险侧之人情；此心常放得安稳，身体就会永葆活力。

儒养思，修心以养性，养性便成圣；道养身，存心以炼性，性成便成仙；佛养心，明心以见性，见性便成佛。

“恍”，竖心旁，一个“光”，心中见光。戒、定、慧烧去心头的贪、嗔、痴，“摄诸散乱心”便能转迷成智，对物质无贪恋，对名利不执迷，对生死无忧惧。

人之不平凡，不在外形，而在内心。成功的诀窍就是不断提升自我，总是倾听自己内心的声音。努力培养清净的志愿，去恶向善，步步向着理想的人生迈进。

我们的生命取向不能一味地向外征服，人不能忽略了建设心灵家园。把有限的生命任意向外抛洒的结果，一定是失去了和谐，失去了幸福和美满。

精神信仰是生活的动力。只信仰钱，会导致漠视社会公德；只相信权，会导致凌驾于法律；只相信自己，会导致缺乏敬畏，一意孤行。

常反省自己，是明心见性的重要一步。“省”，上“少”，下“目”，就是要少用眼睛，多用心；因此“悟”字，是吾心。

家并不是房顶和墙，而是无形的心灵，安心之处是真家。心不安，有家也是无家，出家也如在家；心若安，无家也是有家，在家也如出家。湛然一片真如性，正本逐源便到家。

月亮高挂于天空，平静安详。反观我们的内心却常常充塞着焦虑、恐惧、欲望，时时感到竞争的压力乃至窒息。床前明月光，应是警世光，举头望明月，开悟便为“恍”。

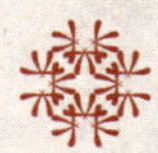

人生难得，理当珍惜。不要忘了除了身体，还有个心灵需要关怀，要随时关注灵魂的安顿和心灵的安宁。为了挣钱，而忘了生命的本质，这就很可悲。

“未经思索的人生不值得一过”。生命真美好，可贵的人生是有觉悟的人生。清醒地生存于这个世界上，那叫生活，不然，那只是“活着”，或者说是“苟活”。

自己的感受、念头和情绪，真正决定我们是快乐或痛苦。相比动物，人更有智慧，“横看成岭侧成峰”，心念一转，豁然洞开，避免痛苦，在于调控心境。

人的生命取向，既要向外，又要向内。向外，是探索、求知、索取、聪明；向内，是反省、明性、奉献、智慧。觉而不迷，正而不邪，净而不染，终将安顿此心。

听闻的智慧，在认识烦恼；思维的智慧，在降服烦恼；禅修的智慧，在根除烦恼。觉悟的提高，在尽力让自心生起慈悲。

扬弃舍本逐末的颠倒，放下我执妄念，一切烦恼便烟消云散。证得了觉悟之后的明澈境界，一个积极乐观的真我，便能湛然而现。

快乐是俗世的，所有的乐都很快就会过去，因此就称为“快乐”。一个人若能时时慈悲喜舍，法喜充盈，那便会永远“喜乐”。

执着于一种境界，必然有人生苦短的嗟叹，必然有儿女情长的哀怨；不着一种境界，虚实粉碎，方知一切即一，此岸是彼岸。离苦得乐，转迷成悟，须从今时今刻开始，不怕妄想起，只怕觉照迟。

我们应该给心灵留下充足的空间。满足身体和物质的需求只是人生的小圆，满足文化和精神的需求是人生的中圆，满足心灵和宗教的需求是人生的大圆。

心灵，可以是世上最宁静的地方，也可以是世上最喧嚣的地方。道家讲“清心寡欲”，儒家讲“立德养心”，佛家讲“慈悲”，这既是对健康的投资，也是对幸福人生的播种。

失败并非是成功之母，而失败后的认真反思并付诸正确的行动，那才是成功之母。“吾日三省吾身”，那是人生成功的必备功课。

命与运不同。命由天定，运在己手。“运”是在人生不同阶段、不同环境、不同机遇中所做的不同选择和努力。凡人由命制运，智者以运制命，“命运”也就是“运命”。

何为“健康”？体壮为健，心怡为康，健康既是健壮的身体，也是美好的心灵。身体疾病实在是人的心态、情绪的外在反映。“精神内守，病安从来？”健康的关键还在于“安守内心”。

心无贪求是静谧，心无散乱是安息，心无迷惑是智慧，心无烦恼是菩提。

由内而外的乐是长乐，那是来自于内心的“永动机”，外在美妙旋律会时断时续，而从心底流淌的内在美妙旋律则会陪伴终生。真正的、持续的喜乐不在外部，源于内心。

任何外在刺激激发的享受，时间久了就会逐渐消退。要让喜悦持久，惟有不断充实、丰富自己，净化你的心境，在体悟人生真谛的过程中享受人生。

从自私到关爱，从索取到奉献，从计较到豁达，从悲观到乐观，从消极到积极……欲做上等人，要有上等心，放下旧的，才有新的，转变观念，才有未来。

人扮演再多角色，不能忘了自己本色。活于角色，很累很烦；活于本色，很乐很甜。短暂的乐为快乐，长远的乐为喜乐；快乐体现于身，喜乐体现于心。

儒家以诗书教化，佛家以慈悲度化，道家以玄理点化，基督以爱心感化，科学以知识进化。文化，文而化之，九九归一，为了人类心灵的净化。

人生之路漫长，通往成功只需关键几步。行成于思，思路决定出路，深度决定高度，角度决定力度。道路，以道开路，道由心悟。

见山是山，见水是水，人之少年是实有；见山不是山，见水不是水，人到中年是假有；见山还是山，见水还是水，人到老年是妙有。

何谓“现实”？宇宙间的一切事物，谓之为“现”；它们存在的真相，谓之为“实”。转迷成悟，借助“现下的现实”，进入“真正的现实”，彻悟宇宙、人生的真相，才是“真现实”。

人生的格局决定布局，人生的布局决定结局。失败者，以有什么来决定我想成为什么；成功者，以想成为什么来决定我需要什么。眼界有多远，路就走多远。

放下犹豫，获得决断；放下狭隘，获得宽容；放下压力，获得自在；放下自卑，获得信心；放下消极，获得力量。惟有放下，才能承担；惟有放下，才能得到。

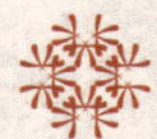

一切向外部世界扩张的活法，都得不到幸福。幸福是一种感受，只有把向外的力量收回来，安静地用于自己的内心，才可能使得当事者获得安宁与幸福。

常为所有而喜，莫为所无而忧，生活各有所长，亦各有所限。“观”字拆开来，又与见。乐观者，乐又见；悲观者，悲又见。

人有悲欢离合，月有阴晴圆缺，此事古难全。凡人求全，君子求缺。世界本不完美，接受生活的不完美，你才不会在不完美的世界中处处碰壁。

人有两只眼，是让你两面都要看；人有两只耳，是让你两边都要听；人有两只手，是让你有舍才有得；人有两条腿，是让你有进也有退。

觉悟者，看到自己的心，“会当凌绝顶，一览众山小”。当你到了一个更高的境界看世界，你的视野便宽广，心境便明朗，困难就变小，你就会越来越感觉到幸福。

人在认识上的种种迷惑，来自智慧的无明，而行为上的种种迷惑，则来自于贪执。无明是无知，无法辨识万物的道理；贪执是充满世俗的欲望。无明与贪执是一切烦恼的根源。

当内心一片混乱、躁动不安时，人就容易变得怨天尤人而埋怨别人，别人就会将这种情绪加以反馈，使事情变得越来越糟。只有积极放松自己，才能获得良好的感觉，并传达给别人，最终使事情有好的结果。

生命中的万事万物，其实都如浮云一般，一掠而过，我们又何苦去紧抓不

放？明知虚伪，又何必执着？放下固然不易，但为了人生幸福，真的要努力领悟，不使虚伪的心念做主人。

人生不一定能够得到，但肯定会失去，人生的旅途也是不断失去的过程。人不仅要学会得到，更要学会得不到。学会面对失去，坦然接受失去，正是感受美好的开始。

当我们看到镜子里自己的头发乱时，不会把手伸向镜子，而会反诸自身。同样道理，当我们整理好自己的内心时，外界的境遇也就得到了整理——生活是内心的折射。

得意时置之淡然，才能在失意时处之坦然。若改变不了环境，当努力改变心境。化忧愁为欢乐，变烦恼为开心，那才是真正的大智慧。

能力比知识重要，素质比能力重要，悟性比素质重要，悟性在哪里？悟性在自心。人生最重要之事，便是时时处处关照好自己的心，那也就叫“关心”。

以正见安定心，以发心振作心，以持戒约束心，以方便调伏心，以智能观照心，以忏悔清洗心，以慈悲转化心，以喜乐滋养心，以忍耐磨砺心，以禅定凝练心。

2

当下修行

既要明心，也要修行
觉悟靠己，学思辨行
自我观照，自我更新

人之高贵，不在地位，在品位；人之价值，不在有财，在有才；人之能力，不在文凭，在水平；人之相交，不在交易，在交道；人之威信，不在权威，在敬畏。

修行，“修”是学习，“行”是实践，是将我们对人生的错误看法、想法、做法，通过学以致用加以修正。如此，我们就有了方向，有了自信，便能轻装前行。

修行就是良好习惯的养成。修行就在日常的行坐起卧、一言一行。用觉悟的心生活，随时对自己的念头了了分明。

佛性自足，即心即佛。心理现象的变动，促成人自我行为改善，善行又影响到心理取向。我们的前程便靠着这种心理促成行为、行为影响心理的循环。

人只有心态放松，才能取得最佳成果。佛教倡导“戒生定，定生慧”；儒家倡导“知止而后有定”；道家倡导“无为”。不要浮躁，不要盲动，放松心态，精进努力。

恬淡虚无，真气从之；精神内守，病安从来。健为常动，以阳主外；康为内守，以阴主内。健康之道，阴阳平衡，身心和谐，圆满一生。

烧香要烧三支，三支香是“戒、定、慧”，是为了烧掉自己内心的“贪、嗔、痴”，从而提醒自己遵行佛法，检点行为，以修得福慧。

我们生活在同一世界，但又生活在各自的世界。人之所以会痛苦，是因为总以自己的标准，以自己的世界为世界。“不变随缘，随缘不变”，喜悦和痛苦全在一念之间，就在于我们如何看待、感受世界。

一念提起，做入世之事；万缘放下，得出世妙境。将信仰落实于生活，将佛法融会于世间，将修行落实于当下，方能宁静地享受无为而无不为的福慧。

既要修心，也要修行。自我观照，反求诸己；自我更新，不断净化。圣人求心不求佛，凡人求佛不求心；智者调心不调身，愚人调身不调心。

随遇而安的关键是要努力做到“以心转境”，而不是“以境转心”，难以改变的是事情，可以调控的是心境。境随心转，随遇而安，那就是修行有了功夫。

人生最大的修养是宽容，最大的收获是满足，最大的美德是慈悲，最大的拥有是感恩，最大的希望是平安，最大的发心是利众。

度生要“无我”，无回报心；布施要“无相”，不露痕迹；生活要“无住”，六根清净。领悟一个“无”，忘却一个“我”，施乐于无边的众生，那就功德无量。

“宗”即“人生的宗旨”，“教”即“人生的教育”，“宗教”也就是人生宗旨的教育，在于以真、善、美引导大众得到心灵上的平静，过着安居乐业的生活。

以出世之心行入世之事。“出世之心”是“净心”，“行入世之事”是“利他”。神在天，圣在地，佛为人，在天地之间，“天上地下，唯我独尊”。

觉是有形，悟是无形；觉是一时，悟是一世；觉是聪明，悟是智慧；觉是身受，悟是内心。起心动念处，吃喝拉撒时，时时处处觉知自己，心灵便得安宁。

我们的心忙于追逐昨天的回忆和明天的梦想，尘劳奔忙，烦恼无涯，只顾赶路，却忘了为何出发。生命只在当下一刻，重回这一刻，觅得心安，你就找回了真我。

生活中，我们要提起，也要放下，不会放下，就不会提起；要向前，也要停下，不会停下，就不会向前；要取得，也要放弃，不会放弃，就不会取得。

真、善、美具在我们心中，我们只是需要回归，去感触它们，去发现事实。明心见性之路，只是引导我们去进行内在的探索，而不是外在的寻觅。

君子三达德，仁者不忧、智者不惑、勇者不惧，即用仁智勇来提升自我。一个人仁爱之心敦厚，自然少忧思；有智慧，自然少疑惑；有大勇，自然少恐惧。

人与人的区别，在于一个人的思维方式及由此形成的性格。性格的差异造就了人生命运的差异。思想决定行为，行为决定习惯，习惯决定性格，性格决定命运。

命运的改变靠自己对性格的不断修造，正信正觉在性格修造过程中发挥着至关重要的作用，必须因循。“因循”的全部含义，只有三个字，那就是“知、信、行”。

人有情商、智商，那是聪明；人也有灵商，那是悟性。聪明人能把事做对，有悟性的人能做对的事。聪明人知其然，而有悟性的人能知其所以然。

“仁义礼智信”是君子的标准。什么是“仁”？爱心；什么是“义”？助人之心；什么是“礼”？谦让之心；什么是“智”？明辨之心；什么是“信”？诚心。

心有所正，行自有所止；心有所止，则自有所定；心有所定，则自有所静；心有所静，则自有所安；心有所安，则自有所得。人要有正见、树正念、做正业。

因尊而敬，叫“尊敬”；因敬而畏，叫“敬畏”。敬畏是良好的修养和品行，懂得敬畏才会有自律，才能有自重，才会有所收敛，才能有所为有所不为。

人怎么才能站得高呢？一是学习，知识是进步的阶梯；二是朋友的帮助，朋友的肩膀会使你站得更高；三是自己的修炼，“三省吾身”，不断提升自己的觉悟。

知其然，是聪明；知其所以然，是智慧。由此及彼，由表及里，凡事不仅知，更要悟，养成每事问、每事思的好习惯，积小悟为大悟，终有一天便会“恍然大悟”。

人知后要觉，上升到精神层面，进而影响知，由此形成良性循环。纵然难以先知先觉，也应当努力后知后觉、现知现觉，万万不能不知不觉、木知木觉。

人的一生犹如写文章，幼时是儿歌、青年是散文、中年是小说、老年是回忆录，但不管哪种体裁，立意要正，不能香臭不分、好坏不明、黑白混淆、是非颠倒。

生命是一次旅行，生命的旅程需要轻装，如此我们便要像天天清洁房间一样，随时清洁自己的心灵，以一种豁达的心态、轻灵的姿态、整洁的仪表，笑面人生。

“智”字，拆开来，“知”、“日”，“日”在天，天为道，“智”也就是知天。“知日”为“智”，“日知”而智，每天知道一点点，日积月累便有“大智”。

人的一生幸福，最需要的是一颗平常心。日常生活，生活日常，不以物喜，不以己悲。“平常心是道”，平常心是不争，是不贪，是知足，是淡然，是坦然……

高调做事，低调做人。低调做人是一种品格、一种修养、一种谋略、一种智慧。高调做事是尽自己身心行正义之事,其过程也是在提升人的品质和层次。

世界上最关心“我”，体贴“我”，知冷知热的人莫过于“我”,真正的“知己”是自己，人要因循健康的生活方式，我的心情我做主，我的身体我维护。

心田不植福，即生无明草，终开烦恼果。修行须日日行、时时做，不断精进。铲除恶念罪业，让良知良行生根发芽，在“希望的田野上”，获无量的福德慧果。

道者，自然；德者，顺应。道德：顺应自然。环境有多脏，先问人心有多脏。环境破坏缘于人心的污染。环境保护必须从源头上着力。这一源头，是人心。

身体是基础，表现为体能；精神承上启下，表现为“良能”；心灵是根本，表现为“心能”。三者互为表里，互为作用。体态、心态决定生活状态。

修身重在体壮，养性重在心怡，前者为“健”，后者为“康”。祛病健身，愉悦精神，才能感受到清新自然的生命之力的超然神韵。

知己者“智”，知人者“慧”。若要知人，先要知己。人只有走进生命的内心，读懂自己、关照自己、把握自己，才能真正读懂别人、关照别人、把握别人。

科技发展，丰富了人们头脑，延伸了人们手脚，却物化了人们心灵。现代人生活光怪陆离，心灵却是苍白、无助、孤独，心灵被头脑发明的科技奴役，这是一场悲剧。

命运就是在人生无数的十字路口，选择哪一条。蹲下是为了跃起，后退是为了远跳，绝望往往孕育着新的希望，人生处于低谷，往往就是转折的来临。

红尘滚滚，俗世百态，人有痛苦、有烦恼、有矛盾、有无奈。正见、正念、正精进，便是一种精神的升华，生命的超越，就是人生价值的自我实现。

所谓“觉知”，就是由“觉”作用“知”，主观意识影响客观行为。这是“君子”与“小人”的区别。人要有理性，更要有悟性，变无明为智慧，化烦恼为菩提。

真，是对科学的追求，体现于理性；善，是对道德的追求，体现于意志；美，是对艺术的追求，体现于情感。真、善、美体现了人性高贵，构成了人生完美。

人有两重性，一是人性，二是兽性。人性多，兽性就少；兽性多，人性就少，如果没有高尚文化和高尚精神，人类将会堕落为禽兽，并最终走向自我毁灭。

人和生命的约会发生在每个当下。无论何时何地，都从容不迫、不慌不忙、不急不躁、不徐不疾……培养正念，感知当下，这就是无处无时不在的“生活禅”。

由信仰便能产生“愿望”。由愿望而产生的力量也叫“愿力”。愿望越强，力量越大。人类最伟大的成就，都是由思想及热忱所传达。

“怒”字，上为“奴”，下为“心”，一发火就使自己成了“心之奴”。衡量一个人的修养，就看他为多大事而发怒，每发一次怒，就是在修行路上倒退一步。

发怒的根源还是在内心的嗔，要用正念、用定去除嗔。这就如同生活中，当火灾发生时，当务之急一定是灭火，而不是四处寻找火灾的原因。

人处俗世，身不由己，学思辨行，觉悟靠己。观境自在，以心换境，藉事练心；观人自在，善待他人，多结善缘；观事自在，随喜随缘，万事安然。

现代社会，事业、名利、生活精彩纷呈，每一个人都有自己的追求，却往往少了对思想的追求。但人一旦失去了思想，也就失去了人生最为宝贵的财富。

“道”在身，以精养气，以气养神，聚精会神，追求一股真“精”；“儒”在脑，学而优则仕，志取一桶真“金”；“佛”在心，以心圆融，寻求一本正“经”。

别让自己心累，要学会遗忘，过去的让它过去，放松自己，给疲惫的心灵减减压；要学会看淡，随喜随缘，不强求。人要学会忘记，忘记过去，才能有新的开始。

一个人若能不为物欲所动，时时观照，守住自己的一方清净心田，貌似退，实为进。手把青秧插满田，低头便见水中天；六根清净方为道，退步原来是向前。

人与人的区别在于悟性有高低，有人先知先觉，有人后知后觉，有人现知现觉，有人不知不觉。内在的精神素质把人分出了优秀和平庸、伟大和渺小。

人的学习动力从知不足而来，“知不足而学”。越学习，就越知道自己有许多知识不知道，“学而知不足”。如此，便形成了一个螺旋向上的良性循环，使生命得以升华。

有人把时间都用于追求外在物质，然后又无节制地消费这些物质，并以此作为自己生命的全部。这只是在使用生命，而不是在享受生命，生命失去了实际意义。

人要拿得起，也要放得下。拿得起是能力，放得下是智慧。人要放下压力、放下烦恼、放下自卑、放下消极、放下悔恨、放下哀怨、放下犹豫、放下狭隘。

人在一生中要扮演众多角色，但无论何时都不要忘了自己的“本色”。“不成功，便成‘人’”，这才是真正的成“仁”之道。

养生基本律：法于阴阳，顺应春夏秋冬寒暑变化的客观规律；和于术数，食饮有节，营养均衡；起居有常，恬淡虚无，保持思想稳定，少欲知足，乐观豁达。

人与人之间的区别：成功者不放弃自己选择的权利，失败者则放弃自己选择的权利。牢牢掌握生活的缰绳，你就是自己的主人。没有人能伤害你，除非你自己允许。

人最大的责任，是对自己的人生所担负的责任。对自己的人生负责，需要长时间持续不断的努力，需要勇气和毅力，而其收获是灵魂的获得和生活的愉悦。

人生的起点可以相同，拐点却会不同，选择了不同的拐点，终点就会不同。重要的不是位置，而是往哪个方向努力，时间用于哪里，直接关系你和人生目标的距离。

成功有内在，也有外在。外在成功是物质、地位、名誉；内在成功是思想、情操、修为。对于幸福，外在成功获得的是一时，内在成功获得的是一世。

鸟有双翼，才能高飞；车有两轮，才能疾驶；人有两足，才能前跑。福慧双修，修行并举，才能成材。

海阔天空，既需要退一步，也需要脚踏实地。靠山的，山会倒；靠人的，人会跑。自己立定脚跟最可靠。

人要保持日省吾身的习惯，对自己的行为有一个清醒的认识，发现不足，知耻而后进。“信”之忠诚，“惭”之谦卑，“愧”之恭顺，“努力”和“智慧”是世间最伟大力量之原动力。

看一个人身体好不好，就看他是否吃得下、排得出，睡得着、走得动，想得到、做得成。身体动静结合，精神虚无一生，心灵空有一如，方为养生之道、养心之方。

果上随缘，因上努力。以出世之心行入世之事，以出世的态度收获，以入世的态度耕耘，那才是随喜随缘的最高境界。

与其下游抗洪，不如上游植树；与其住院痛苦，不如日常维护；与其气管发炎，不如早点戒烟；与其肝脏硬化，不如烈酒少喝；与其肿瘤晚期，不如早作筛查。

你，不比别人多；你，不比别人少。在这美丽的世界，人人都是一道风景，人生的路靠脚走，重要的是：管住嘴，迈开腿。

美貌只能迷住人的眼睛，美德才能打动人的心灵。猴子穿上西装不会成为绅士，驴子套上金鞍不会变成骏马——重要的不是包装。

生命的浅层次是表面的化妆修饰，仪表堂堂；中层次是身体的运动营养，体魄健康；深层次完善人格，增强智慧，提升修养。

人的迷津如旷野一般广袤无垠，要安渡这迷津，就必须依靠智慧之光来照亮前程，必须依靠美德的规范来谨慎自身，并义无返顾地前行。

与其拥有，不如享有，世上最宝贵的阳光、空气、水并不为人所拥有，但皆可为人所享有。“享有”可以扩展我们的生活领域，可以让我们成为真正的富翁。

财富是储蓄的累积，成功是付出的累积，性格是习惯的累积，功德是善行的累积，名望是奉献的累积，历史是时间的累积，悟道是修行的累积。

饭不过饱，食不过咸，衣不过暖，思不过虑，行不过速，劳不过累，睡不过度，喜不过望，怒不过暴，仁者无敌，适者有寿，过犹不及，养生之道。

“难得糊涂”、“大智若愚”，其实说的都是同一意思。如果把人生一分为二，明智的人生将是前半生“不犹豫”，后半生“不后悔”。

人生，就该上半段做加法，下半段做减法，少年时取其平，中年时取其实，老年时取其精，舍其不当有，舍其不必有。

“人”字有两笔，一笔写顺境，一笔写逆境；一笔写播种，一笔写收获；一笔写快乐，一笔写烦恼。得意、失意，切莫大意；顺境、逆境，切莫止境。

君子九要：看事要看清楚，听话要听明白，面色要温和，容貌要端正，说话要真诚，做事要谨慎，不懂时要请教，愤怒时要冷静，见财时要清醒。

平常不平凡，单纯不简单，随缘不随便，大度不大意，敢说不乱说，多想不空想，实干不蛮干，虚心不虚荣，谦让不迁就，大气不霸气，柔和不软弱。

人若一心向善，二分观想，三思而行，四方相助，五体勤快，六六相合，七窍畅通，八面玲珑，九久努力，便得十全十美。

舍去小我，方有大我；舍去忧虑，方得远虑；舍去繁华，方得升华；舍去无明，方得光明；舍去权威，方得敬威；舍去独乐，方得喜乐。

人要有肚量容忍那些不能改变的事，有勇气去改变那些可能改变的事，而其前提是要有智慧去分辨这两类事。聪明只是把事做对，智慧是做对的事。

如果一个人所追求的是智慧，最好的方法就是诉诸本源。这个本源，不是书本，而是生活本身，是生命的直接体验。万法本在自心，生活是一本被打开的大书，真正的阅读贯穿整个生命。

人不可能万事如意，“人生不如意十之八九”，有缺陷才是人生必然。凡事追求完美，终被完美所累。

火种可供成千上万的人取火，火种的生命不会因此而缩短；月亮可供成千上万的人欣赏，月亮的美丽不会因此而缩减；幸福可供成千上万的人共享，幸福的感受不会因众人分享而减少。

修行当先修心，迷而不悟只是口说，转迷成悟方能真“行”，行动首先是心“行”。菩提只向心觅，何劳向外求玄。以道开路，道由心悟，若持禅心过生活，何愁烦恼不能了。

看透大事者超脱，看不透者执着；看透小事者豁达，看不透者计较。由迷到悟，一念之间，破除迷执，止恶扬善。

一个人的心态，决定了一天的快乐；一个人的性格，决定了一生的幸福。以明亮的心情看人生，人生给你的是阳光灿烂；以阴暗的心情看人生，人生给你的是阴雨绵绵。

火气生起时，最好关注自己的当下呼吸；心里打结时，最好向内观看自己的起心动念。我的心情我做主，解铃还须系铃人。

态度一变，行为就变，行为一变，结果就变；心念一变，性格就变，性格一变，命运就变。心中有阻碍，前路多艰险；心中无困扰，世界就美好。

起心动念皆为苗，行住坐卧无非道，举手投足尽是修。即时修行，修在红尘，行在当下。入世如出，追求大智慧，悟道解脱，寻找真快乐。

拥有一个“无”，也就拥有了所有，那也叫“一无所有”，若能真正放下一切，就能包容一切，拥有一切。

以虚养心，以德养身，才能做到身在万物中，心在万物上。谦逊是保身第一法，安详是处世第一法，宽容是待人第一法，洒脱是养心第一法。

安心方能安身，安身方能安家，安家方能安业。这就是正心、修身、齐家、治国、平天下。人的心量越大，自我越小，慈悲无敌人，智慧无烦恼。

修行就是于内修心养性，于外端正行为。心性本一体，修行就是要下功夫好好修心，恢复善之本性，端正行为。这是如何做人，如何待人的根本。

3

自在人生

时有余暇，袋有余钱
事有余地，常有余兴
自在人生，大智若“余”

“正道”就是“中道”，凡事合适就好。“适者有寿”，“适”，恰到好处，不偏不倚，不东不西，不左不右，不好不坏，过一分不能，少一分不行。

人要识苦、刻苦、耐苦，但是太苦了，人会失去信心。人生不能没有乐，但是太乐了，会乐极生悲。人不能没有欲，但不能穷奢极欲，而是要知足少欲。

人要有牛的精神：一是肯承担，吃苦耐劳，忍辱负重；二是只事耕耘，不求回报，默默奉献；三是忙中有闲，静中有动，悠然自得，淡定从容。

人要有进取心，但不能执着，所谓执着就是过分在乎结果。因上努力，果上随缘。随喜随缘，人生便得安然。

人都有走运、背运之时，鲜花不会只冲着你开，人要常想已有了什么，不要常想还没有什么。当你不能改变环境时，就要学会努力调控心境。

弦太紧，会断；弦太松，弹不出音。凡事皆求“中道”，不偏不倚、不紧不松、不愠不火、不快不慢、不冷不热、不前不后、不胖不瘦。所谓“适宜”，即合适的才可行。

得即失，谓“得失”；舍即得，谓“舍得”；福则气，谓“福气”；积则累，谓“积累”。前念迷即凡夫，后念悟即佛；前念着境即烦恼，后念离境即菩提。

对人的生活而言，既有“需要”，也有“想要”。满足需要，简单快乐；满足想要，烦恼不少；要得越多，烦恼越多；要得越少，烦恼越少。

人在拥有物质时，也被物质拥有。有了电脑，整天上网，电脑代替了人脑，自寻疲劳；有了手机，有了沟通的便利，也给了别人随时使唤你的权利，手机如同手铐。

人生两极何其相似。赤条条来，赤条条去，来时是哭，走时也是哭；幼时牙牙学语，蹒跚学步，老时口齿含糊，需人搀扶；来时纯思无邪，走时万般放下。人生如圆，生死相连。

若能从生活境遇远不如你的人身上看出你的可羡慕之处，从生活境遇远比你强的人身上看出值得你同情之处，你就活出了真境界。

攀岩，累的是身；攀比，累的是心。不少人拥有时并不珍惜，失去了才深感惋惜。老是想着未到手的，会使人痛苦，总是感恩于已拥有的，会让人喜悦。

水无常形，水无常态，但水性不变。人有得意时，也有失意处；有成功，也有失败；有欢笑，也有眼泪。无论何时何处，我们都应像水一样，永远保持平常心。

花开花落、四季更换、日夜交替、生死轮回……人的烦恼都源于想把不断变化的事物化为永恒。竹篮打水，追月逐花，也就难免真作假来假作真，临终落个大后悔。

健康的头脑、健康的身体、健康的思考、健康的行为、健康的生命力，才是人的真正财富。财富得来容易，也容易失去；财富得来不易，也不易失去。

今天转眼就成昨天，明天到来时也成了今天。抓住了今天，也就是抓住了昨天和明天。昨天诚可贵，明天价更高，把握住今天，一生都抓牢。

真正的智者在人生中要善闹中取静，会忙里偷闲。过于闲逸，杂念便会丛生；过于忙碌，纯真本性难以显现。要把生活的缰绳始终牢牢地掌握在自己手里，收放自如。

“幸福”是外在的条件，更是内心的宁静，在于内在心灵与外在生活的对应。一个人能不能幸福，就看他能不能活在当下，接受和感恩今天所拥有的一切。

人要知足常乐。对于如何才算足，各人标准不一样。要足何时足？知足便足！关键还是在于一个“知”字。“知道”，其含义是人要知“道”，而且“知”本身也是“道”。

贫困者有贫困者的幸福，富有者有富有者的幸福，位尊权贵者有其幸福，身份卑微者也自有其幸福。人人都有苦有乐，人人都有笑有泪，幸福在于心灵与生活的对应。

人之所以痛苦烦恼，那是因为我们在追求错误的东西。只有当人们觉醒时，看透、放下，当下即是天堂。

人不可能事事顺心，但应时时调控自己的心境。人生在世不离境，或环境，或心境，或顺境，或逆境。何为大智慧？不拒逆境，不求顺境，随遇处境，以心转境。

人要努力做到时有余暇、袋有余钱、事有余地、常有余兴，家有余庆……常执中道，其乐无穷，无论是在人生的哪个阶段。

“慢”字，竖心旁，一个“柔曼”的“曼”。说到底，“慢”是一种心情，我们应努力做到：口袋越来越重，心情越来越轻，心态越来越平。

人生的问题说到底就是两个，就像钟摆的两极，从这头摆到那头。一头是肚子问题，那是因为吃不饱而饿的；再一头是心情问题，那是因为吃得太饱而撑的。

幸福就像蝴蝶，你越追，它就飞得越远，而在你不经意间，或许它就静静地停在了身边。幸福就在日常最平凡的人与人相处间，在最简单的生活中实现。

现代生活，呈现一个“快”字，看碟快进、上网刷新、特快专递、立等可取、爱情速配。人类赢得了时间，但失去了空间，失去了情感，疲于奔命。

对物质的过分追求，不仅破坏了自然环境，还加剧了人们的身心压力。生活就像围城，经历了喧嚣后，人们才会真正体会到，简单是福，宁静是美。

心态影响生活的状态，心情左右生存的环境。低头满地泥泞，抬头满天繁星。

市场经济把人变成了快速运转的车轮，人在享用高科技文明的同时也被其奴役。说到底，平和的心态、平安的身体、平静的生活，那就是幸福美满的全部。

淡泊以明志，宁静以致远。日常生活，生活日常，若要得到真正持久的安乐，就不能迷失于欲乐，幸福是从简朴自由的生活中得到。

大千世界，有七彩、有七韵、有七味，并不是只有一种苦，不要逃避痛苦，更不要忘了快乐，千万别被自己的痛苦囚禁，而错过了当下生活的净土。

乐观，乐又见，乐观者在每一次忧患中都看到机会；悲观，悲又见，悲观者在每一个机会中都看到忧患。思考的角度影响着态度，态度决定了前途。

“大凡快意处，即是多病处”，凡事皆有度，适者有寿。“棋可遣闲，易动心火”，无休止的欢乐会转益为害，欢乐有度方能使欢乐常伴。

生活之味不能过于浓烈，也不能淡而无味。生活要有滋有味，淡而有味。味道，尝其味，知其道。

人生就像一场旅行，所不同的是这一场旅行没有回程；人生的旅行不必在乎目的地，在乎的是沿途的风景和看风景的心情。为此，不要有过多的包袱，轻装方能轻松前行。

世上最大的闲是偷闲；世上最大的足是满足；世上最大的事是平安无事；世上最要紧的事是心中无事。

人生只有使用权，没有所有权，生活，既要拥有，更需要享有。万物皆可为我所用，但并非你我所属，该放弃时就放弃，该撒手的就撒手。抛弃执着，得到快乐。

参悟无常，珍惜现世；人生苦短，珍惜当下。“悟空”并非消极厌世，而是看透红尘后的“悟能”和“悟净”，是面对法喜慧命，不生不灭的一缕微笑，能给我们带来自信、安详和喜乐。

珍惜今天，因为昨天只是已过去的今天；珍惜今天，因为当明天真正来临时，它就改名叫今天。生命的组成正是每一个今天。

幸福，或得到你所爱，或爱你已所得。有人珍惜已拥有的，遗忘未得到的；有人珍惜未得到的，遗忘已拥有的——快乐与痛苦由此分道扬镳。

别拿自己的人生和他人的作比较。每个人的意义，不在于与别人相像的地方，而在于与别人不同的地方。

有时，放弃并不是退却，而是为了更好地进取。放弃未曾不是人生的一种欣喜，行到水穷处，坐看云起时。放弃后，会发现新的转机。

人生最大的苦，是为欲驱使而不得停，是为利所牵而不得止，是为情所困而不得解，是为名所累而不得休。苦，并不来自生命本身的需求，而是来自内心中的贪。

用欣赏的眼光看世界，生活处处呈鲜花美景，人就时时生活在天堂；用挑剔的眼光看世界，身边处处残枝败叶，人就分秒生活在地狱。天堂和地狱只在当下。

幸福真的很容易：有一个人可以让你深爱，有一件事可以让你惦念，有一个家可以让你牵挂。快乐其实很简单：心情保持原生态。

自筑愁城，自寻烦恼，自囚心灵，生命的天空便黯淡无光。打开心门，打开天窗，打破心牢，生命的天空便无限春光。

人都有欲望，但一个人如果不能主宰自己的欲望，必然让欲望牵着鼻子走，最终成为欲望的奴隶。放纵欲望者，必为欲望所欲；贪得无厌者，终把现有的也失去。

在人生旅途中，应当树正欲、去邪欲，存大我、忘小我，常持平常心。纵有万顷良田，一餐只啖三两米；纵有千间大厦，一宵才睡八尺床。贪求何益？

以平常心看世界，以欢喜心过生活，以柔和心对别人，以进取心做工作。人生不如意事“十有八九”，那就“多想一二”，开心的时间越多，烦心的时间越少。

人之困扰，多在于执着于人我区别，分里分外，分亲分疏，患得患失，为情所牵，为利所累，为名所困。情不能已，理不能明，心不能净。看破便放下，放下便自在。

“禅”字拆开是“示、单”，简单的表示、简单的态度、简单的生活、简单的心意。复杂，复则杂；简单，简则单。少欲无为，身心自安。

人生如梦，岁月无情。人活着是一种心情，得失成败，荣华富贵，一如过眼浮云。体态、心态，决定生活状态，愿我们时时都有好身体，天天都有好心情。

有了十万，想百万；有了百万，想千万；有了老婆，想情人；有了公寓，想别墅。山外有山，天外有天，欲望无穷，心烦意乱，知足常乐，心平则安。

人要扮演好各种角色，但不要忘了自己的本色。角色，刹那因缘刹那灭；本色，得无可得，失无可失。安于本我，你才会得亦不喜，失亦不忧，拥有强大的生命力。

过去，过了就去，便能从容面对已经所过去；过去，过了不去，只能沉湎于早已不存在的东西——与其沮丧，不如正视，尽快奋起。

笑也生活，哭也生活。比起担忧未知的明天，比起后悔以往的昨天，更为重要的是，认真过好当下一天。

得不到的，本不属于你；失去了的，本来就该失去。来有缘，去有因，世间最珍贵的，不在于得不到的，也不在于失去的，而在于已经属于你的。

生活也像桔子，有大桔子、有小桔子，有甜桔子、有酸桔子。宁要小的甜桔子，不要酸的大桔子。不要只看外表，甜不甜只有自己心里知道。

静能养心，慢能养性。内心平和，如闲庭信步，放松紧绷的神经，看看人生的风景，品品生活的滋味。如此，便能使你的身体更健康，人生更乐活。

人生至要是生命，众生畏果佛畏因，命运握在自己手，人人都是观世音。当下决定未来，过程决定结果。因上努力，果上随缘，才是生存之道。

健康值得人一生都关注。伤心劳神、追逐名利、贪图物欲是健康的大敌；达观爽朗的性格、宽容随和的心态、科学合理的生活规律是健康的挚友。

防止过“度”，核心在“敛”，做人要收敛，凡事要检点。当你自视甚高、不自量力、好大喜功、好高骛远时，你就容易过度，容易走向反面。

忍的含义还包含等待，等待时机。真正的赢家都懂得，在时机未成熟时要善于养精蓄锐，诚如《孙子兵法》云，大丈夫所守者道，所得者时。

犯错不可怕，关键在于犯了错用什么态度来对待。要学长颈鹿，始终昂然面对，并居高观察。战略上藐视，战术上重视，这才是解决问题的正途。

生活像一条河，总是不断地向前，失去的便永远不再有。不用等到条件样样具备，不要说以后想做什么，现在就开始吧。

事不分大小，物不分巨细，都在于谨慎之机。谨慎于事、谨慎于言、谨慎于行、谨慎于心、谨慎于意，人要谨小，还要慎微。

看人看事，要思：是否全面；举手投足，要思：是否恭敬；言辞表达，要思：是否真诚；处理工作，要思：是否认真；愤怒难抑，要思：是否冷静。

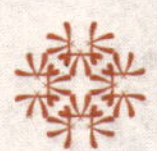

人要以心转境，莫以境转心。而其基础，则在善于从事中会理，并能藉事练心。勤体会、多思索，不断开阔眼界，扩大心胸。

忙，是客观存在的，人要学会忙里偷闲。闲是为了有所用心，静下来，认真地思考学习。闲是为了忙，是积累力量，是反思，是充电。

人的每一天，就是做两件事。一是做必须做的事,这是为了生存的需要、家庭的需要；二是做想做的事，这是为满足活得更好的需要。

日出日落,潮涨潮退,花开花谢,唯有时空永恒。君子事来而心始现，事去而心随空，不执着，不牵记，时间会抚平伤痕，岁月会冲淡激情。

智者不在乎把喜欢的事当工作做，而在于努力把工作当喜欢的事做。敬其业便得其乐，所以做任何事，只要用心投入就会发现无穷乐趣，心情愉快就能做好工作。

人出生时，自己哭；人去世时，别人哭。两头都是哭，中间的生活，你就应当理智地控制自己，多笑少哭。

修即修养，行即行动；行在道上，谓之“道行”。坐而言，不如起而行，修而不行，那是不“行”，身体力行，那是真行。

人的学与教，既包括“技能”的学与教，也包括“良能”的学与教。说到底，“技能”靠聪敏，“良能”靠智慧。

所谓“觉悟”，觉就是感觉，由感而产生的觉；悟就是省悟，由感觉上升为对事物基本规律的认识和把握。因此，觉悟就是由感而觉，由觉而悟。

静思，是认识自己的有效方式。时时倾听自我、走进自身、了解自己，你才会清楚自己的弱点与能力，你才会不断地充实自己、完善自己。

要平凡不要平庸；要大胆不要大意；要敢说不要空说；要多想不要乱想；要巧干不要蛮干；要虚心不要虚荣；要谦让不要迁就；要大气不要小气。

简则从，易则知；唯简易，方能实行，方能悠久，方能掌握。简则平，易则和；唯简易，方能满足，方能平和，方能快乐。

常常拥有快乐的心态为慈，时时培养恻隐之心为悲，日日心无烦恼为喜，处处把所知无保留地与人交流为舍。常怀慈悲喜舍之心，处处受人欢迎。

真正的智者在于懂得驾驭生活，善闹中取静，会忙里偷闲。要把生活的缰绳始终牢牢地掌握在自己手中，收放自如，以我转物，而不以物役我。

与人友好相处的不二法门就是：缩小自己，放大别人；放低自己，抬高别人。中国人的传统礼节，见面鞠躬，那就是放低自己。

批评指责，即使出发点不错，但效果欠佳。劝导更容易使人消除对立情绪，使别人对你产生好感，故而更易化解矛盾，使对方接受而豁然开朗。

世上最值得珍惜的并不是“得不到”，世上最值得在意的并不是“已失掉”，世上最值得追求的并不是“未来的”，而是眼下切实拥有的幸福。

中秋月亮圆，人生盼团圆，月圆只因有月缺，团圆只因有缺陷，高低相倾，前后相随，白昼相交，福气相连，得失相替。人生多坎坷，随喜即随缘，光明总在前。

快乐的人并不是没有烦恼，而是善于排除烦恼；烦恼的人并不是命运不好，而是心态不好。快乐的秘诀并不是做自己喜欢的事，而是喜欢自己做的事。

操心、担心、忧心、烦心，是成功的折磨；用心、放心、宽心、细心，是成功的动力。不要牵挂过去，不要担心未来，踏实于现在。

看东西，太近，看不清楚，太远，也看不清楚；太暗，看不清楚，太亮，也看不清楚；眯起眼睛，看不清楚，睁大眼睛，也看不清楚。不偏不倚，凡事皆有度。

福莫享尽留余德，势莫使尽留余力，话莫说尽留余地，事莫做尽留余路，情莫散尽留余韵，心莫用尽留余量。凡事有度，大智若“余”。

人要分清能要、该要。能要到的不一定该要，该要的不一定能要到。自在人生在于：能有，很好；没有，也很好。

快乐其实很简单，因为简单其实很快乐。快乐是感恩，快乐是知足，快乐是惜福，快乐是意境，快乐是财富。只要心在情在爱在，快乐就会无处不在。

新型的义利观，应是义礼兼顾。我们既不能见利忘义，也不能存义舍利。我们应当努力做到见利思义，义中带利。

4

快乐智慧

化烦为趣，自得其乐
化忧为欢，知足常乐
利乐众生，助人为乐

人生常有不如意，人要学会随遇而安，即使痛苦、烦恼，我们也不必执着。无论是喜是悲，总会过去，时间会冲淡一切。“苦乐随缘，心无增减”。

人们对物质不断追求、不断得到、不断失去，于是又进行新一轮的追求、得到、失去。正是在转瞬即逝的“快”乐中，焦虑、烦恼、郁闷也相伴而生。

生命有多长，就在呼吸间。对生活念念留心专注，活在当下，就会使我们培养出定力。而有了定力，我们才能了悟生命的真理，如此便会时时喜乐。

花开花落，怎知是喜是悲；云走云飞，怎知是进是退；财进财出，怎知是福是累。快乐何时来临？看淡浮世功名。随喜随缘，正是生存智慧。

“出世”是超脱，“入世”是投入。“冷眼观世”，与现实生活清醒地保持一种若即若离。对人生，既要“投入地爱一次”，也要时常“冷静地想一下”。

“解脱”者，生活中做减法，解脱捆绑于自己身上的条条名缰利锁。早解脱，早得福。人生减省一分，便超脱了一分。

人不能控制过去，不能控制将来，能控制的只是此时此刻的心念和言行。过去是已消失了的存在，未来是还没到来的存在，只有当下此刻才是真实的存在。

生活，生靠父母，活靠自己。给心灵留一方净土，给生活留一个梦想，给岁月留一份宁静，给人生留一缕清香，如此才会不枉此生，才能临终不悔。

放下是一种智慧，放弃是一种豁达。放弃是痛定思痛后的选择，是重整旗鼓、扬起生命风帆的一次新远航。如此，你才会如释重负，轻松前行。

人是鞭子，不是陀螺。是陀螺，成了物役人；是鞭子，才能做到人役物。事业、生活、钱财、爱情都重要，但前提是受制于自己。本末倒置，生活便失去了意义。

人生是条单行道，当努力潇洒走一遭。怎么才算是潇洒呢？相比精彩的，多一点自在；相比自在的，多一点精彩——“潇洒”者，介乎两者之间。

人只能过一生，再多的钱，再大的官，再深的情，只能用一生。人生在世，要有正念、说正话、做正事、走正道。“正”字，上为“一”，下为“止”，止于一。

人生终是一场空，“悟空”并非消极，而是珍惜每一天，只因生命无常，更须珍惜当下。过好每一天，善待每一人，人生便得大圆满。

一切看淡，一切随缘，该吃就吃，该喝就喝，该哭就哭，该乐就乐，贴近自然，领悟本原，追求简单，让生命之舟只承载必需之物，活出自己的精彩。

扮演好多种角色，又能全然扮演好当下的角色，这就是一个好演员的“本色”。人要“面对、提起，转身、放下”，不断迎接、演好新的角色，这就叫“活在当下”。

失去自信的人，不会成功；不接纳自己的人，不会快乐。人生的路靠自己一步步走，人生的大厦靠自己一砖一石堆砌，自信会让你的生命绽放夺目的光彩。

人要常为所有而喜，勿为所无而忧。常为所有而喜，真诚地接纳自己、接纳别人、接纳现实、接纳世界，你永远是开心人；反之，常为所无而忧，你永远是不幸人。

人要有入世如出的智慧，在对待科技发明上也是如此，物要为我所用，而不要被物所役。人成了主，物就成了奴；物成了主，人就成了奴。

“活在当下”，便会天天是好日，反之则会度日如年。“活在当下”是一个人生命力的自然展现，是好心情的根本源泉，是断我执、破烦恼的慧剑。

尽心尽力是美德，但过于认真心力交瘁，那就得不偿失；看淡功名利禄本是高尚的情操，但过分清心寡欲，那也就失去了生活乐趣。

人生悲惨三部曲：钱在银行，透支健康；钱在银行，人在病房；钱在银行，人进天堂。生活方式极不健康，那是为了手段，忘了目的。

幸福，一是做自己喜欢做的事，二是和自己喜欢的人在一起。如果不能把喜欢的事当事业做，那就努力把事业当喜欢的事做。

人类生活、生命的意义就是由工作创造的意义所支撑。“愉快”就能做好工作，工作做好能使你更“愉快”。如此，人生就进入一个良性循环。

获得知识，靠学，而要获得别人不知道的知识，则靠“习”。所谓“习”不是复习，而是学后去领悟，并使之成为一种思维和行为“习惯”。学而时习之，不亦悦乎。

如何挣钱，可测一个人的聪明程度，如何花钱，则可测一个人的品位高低。财富同人一样，也有品质。财富是富，品质是贵。由富而贵，方为富贵。

生活千姿百态，七彩斑斓，但这就如肥皂泡，仅供欣赏，也像手握细沙，只合轻展，不能紧抓，抓得越紧，便漏得越快。想要占有，终是一无所有。

做必须做的事，是为了生存的需要；做想做的事，是为满足生存以外更高级的需求。智者，则把两件事并成一件事。

美好的生活，不能没有笑——笑能增加肺活量，笑能清洁呼吸道，一笑可以泯恩仇，常笑烦恼不来找，笑是生活万能剂，笑是人生无价宝。

快乐是值得人一生时刻追求的目标，对生活知足，对工作知不足，对学习不知足，你就能快乐！快乐其实很简单！

感恩，礼节，敬重，是日常生活中应有的心态，要处处站在别人的立场着想，给予合情合理的对待。这是修养，也就做人的原则，君子的风度。

现代人行色匆匆，终日奔波，生活紧张，工作忙碌。忙并非不好，但要努力做到身忙心不忙，保持心定、心平。心平才会气和，气和才能事成。

世上最可贵的莫过于“欢喜心”，有欢喜心就能居欢喜地，交欢喜友，说欢喜话，做欢喜事，走欢喜路，过欢喜日。心生嗔念，如处地狱；心生欢喜，如登天堂。

热诚是生活的宝，热诚可以使你拥有众多朋友，热诚可以使你增添生活情趣，热诚可以使你工作充满激情，热诚可以使你充满生活活力。

人生在世，犹如匆匆过客，难的是那份自在和悠闲，难的是那份可心和舒适。把生活看透、看穿，把日子看平、看淡，你就会变得心平气和。

饮酒以不劝饮最为畅快，下棋以不相争最为高明，唱歌以自得其乐最为愉悦，工作以忘我投入最为快乐，随心所欲是生活的最高境界。

常思别人命运不如己，可自足；常思别人学问胜于己，可自惭。生活，知足常乐；工作，知不足常乐；学习，不知足常乐。

要做一个快乐的人，因为人生的根本追求就在于快乐；还要做能给别人带来快乐的人，因为真正的快乐不是一个人快乐，而是和大家共同快乐。

快乐地赚钱是值得追求的一种状态与境界，不是为了生活而工作，而是热爱工作，把工作视为快乐，从中得到满足，如此，赚钱也是一种自然的结果。

当你视工作为谋生手段时，你会觉得工作是负担，当你视工作为表达自我的方式时，你就会对工作乐而不疲。工作的理想状态是：工作着并快乐着。

朋友伤害你时，想一想过去曾与他有过的美好时光；对生活不满时，想一想这世上还有不少人比自己更不幸；面临困境时，想一想东山再起的希望。

生活加法：痛苦＋欢乐＝人生，认真＋用心＝成功，美梦＋追求＝希望，无所用心＋瞎混＝早逝，童心＋运动＝防衰老，肚子饱＋心情好＝幸福。

工作的报酬是什么？一般理解，就是薪水，但除了薪水外，工作中获得的训练、经验、才能的表现、品格的建立、成功的喜悦都比薪水更为珍贵。

凡事不可能尽如人意，总是有曲折、有努力、有黑暗、有光明、有悲伤、有喜悦、有失意、有得意、有失败、有成功，如此，才有生活的精彩，才有人生的意义。

人无远虑必有近忧，远瞩是成功的前提。世事如棋，欲取主动，惟有深谋远虑。要比别人多想一步，比别人看得更远，欲穷千里目，更上一层楼。

每个人的志趣不同、爱好各异，一个人能把自己的兴趣爱好同工作紧密结合在一起，那是再幸福不过了，对他而言，工作就是生活，生活就是工作。

学习不仅是人类的天性，也是生命趣味盎然的源泉——生命的意义既在于成功的、美好的体验，也在于对新鲜事物、未知领域不断的感受和探索。

开卷未必有益。坏书是灵魂的毒品，读得越少越好。不读坏书，是读好书的基本条件，因为人生短暂，时间和精力有限，读好书才多多益善。

生活就像一杯“摩咖”，挫折就像可可，有点苦；工作就像开水，有点淡；快乐就像砂糖，有点甜；三者适度的配比搅合，味道就会好极了。

拥有的东西只有在失去时才会深感其珍贵，人要知足，人要惜福：想想疾病苦，健康就是福；想想饥寒苦，温饱就是福；想想灾乱苦，平安就是福。

舍得，有舍才能得，舍去时间精力，得到知识长进；舍弃自身烦恼，得到心灵自在。当人悟到不求完美之时，就是享受美好人生之始。

拥抱能表达爱意相互勉励，拥抱能放松筋骨舒展神经。人都是被抱大的，拥抱是人的天性，无论是顺境还是逆境，拥抱生活，才不会被生活抛弃。

钱不能太少，也不能太多；人不能太忙，也不能太闲；肚子不能不饱，也不能过饱；爱不能太浅，也不能太深；待人不能不真，也不能太真；生活不能太缺，也不能太满。幸福人生在于“度”。

人的一生如同写文章，幼时是儿歌，青年是诗歌，恋爱时是散文，中年是小说，老年是回忆录——不管哪种载体，最要紧的，是立意要正。

人生就像一个圆。生活中无数的逗号、分号、问号、感叹号、省略号，最终构成了一个完整的句号——那，就是人生。

快乐的人不一定拥有一切最好的东西，他们只是珍惜人生的道路上遇到的每一样东西。生活清贫心常足，身在福中常惜福。

乐观是艰难中的从容，乐观是挫折后的坦然，乐观是生活中的豁达，乐观是任何时候的自信。拥有乐观就拥有了希望的渡船，拥有乐观就拥有了通往幸福的签证。

君子事来而心始现，事去而心随空，不执着，不牵记。得意时，不忘形张狂；失意时，不过于沮丧。日常生活，生活日常。

忙于为失败找借口，就疏于为成功找理由；忙于为某件事而难过，就疏于为某件事而快乐。成功，取决于选择是否明智；快乐，取决于心态是否阳光。

“道”，首在上，脚在下，凡事先谋后动，人生快乐不快乐，事业成功不成功，就看知“道”不知“道”。

人的一生快乐是基于两条原则：小时候，快乐是件简单的事；长大后，简单是件快乐的事。每天都快乐，一生就幸福，每天攒下一点快乐，你就是幸福的富人。

光阴如白驹过隙，莫使一日虚度。常与自己的心灵对话，不断鞭策自己，不断督促自己。日有所知，日有所得，日有所悟。长此以往，必有长进。

担心就有事，放心便无事；生气就有气，消气便无气。放下万缘时，安宁身心灵；心平气和时，人间如仙境。

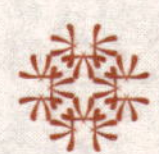

快乐是简单，快乐是知足，快乐是惜福。钱多钱少够用就好，官大官小太平就好，体胖体瘦健康就好，穷日富日安稳就好。活着，是一种心情。

5 管理悟道

管理管理，管事理人
理由事显，事中会理
经理经理，经营道理

真理，真正的道理，脚踏实地。事理，事理相融，事中有理。得理而不会道，知理而不理事，就难以实行真正的“管理”。.

所谓问题，只是在你把它看成是一个问题时，那才是。有时，解决问题的最有效方法就是不理会问题。这需要有“放下”的心态，更需要有明“白”的悟性。

谨慎于事，谨慎于言，谨慎于行，谨慎于心，谨慎于意。九层高台，垒于细土；千里之行，始于足下。见微知著，防微杜渐，谋求于无形之中，成就于无迹之处。

“正”字，“止”于“一”。“万法归一”，“一”乃至善所在。人要有正思、正念、正见，有了正见，对时空便能认知，对人我关系便能明察，对事理因缘便能明白。

以出世之心做入世之事，超然物外，淡泊宁静，人生的价值应在当下实现。对外掌握“有为”的艺术，对内享有“无为”的境界。高高山头立，深深海底行。

所谓“成功”，就是在合适的时候，与合适的人在一起，用合适的方式，做合适的事。人要顺势而为，因势利导。人要与时俱进，改变自己，超越自己。

随缘，不是随波逐浪的认命，而是一种对内在智慧的发掘。随缘，就是在综合评估各种因素的前提下，寻找合适的途径，采用合适的方法，最终达到目标的实现。

世上本无路，路是人走出来的。人之所以能，是相信能。一个人最大的破产是绝望，最大的资产是希望。

能耐也是能够忍耐。小到事情，大到事业，会有各种困难和坎坷。为此，要意志坚定，既要有“忍”的度量，也要经得起各种考验。笑到最后，才是最终的胜者。

有了好心态，人就能放松，就能保证行动的准确和坚忍的毅力。如此，结果就会早日到来。“干活”，干了才会“活”，越干越活；“出路”，出去才有“路”，越出去越有路。

任何事情，都包括因、缘、果。凡事要“因上努力，果上随缘”。因上努力的过程中，我们需要善于分析，并整合各种“因”，使之成“缘”，并最终结“果”。

创造机会的人是勇者，等待机会的人是常人，放弃机会的人是蠢者。人生最遗憾的不是过错，而是错过——轻易放弃了不该放弃的。

有人说："不可能！"也有人说："不，可能！"只增加了一个逗号，但使后面惊叹号的内容大大改观，不是惊叹于无所作为，而是惊叹于不懈努力。

只看眼前会失去未来，发现不了问题是最大的问题，没有危机感是最大的危机，满足现状是最大的陷阱。与其困难时再找退路，不如顺利时开拓出路。

笨鸟可先飞，但飞之前先要辨别路径；鸟若先出头，应选择一个枪射不到的角度，或在枪响之前就飞出射程。凡事"先谋后动"，两军相遇"智"者胜。

只看大事，会忽略小事；只看小事，会看不见大事。责任心是金，有了责任心，不因事大而难为，不因事小而不为，不因事多而忘为，不因事杂而错为。

有时，行动胜过言论；有时，不行动胜过行动。知难而退，有时胜过知难而进。所有的欺骗，最严重的是自我欺骗。

投入才有收获，付出才能杰出，成功的程度取决于信念的强度。考场、官场、职场、情场、赛场……人生无数场，根本在“气场”。

不能好好地结束，就难以很好地开始。想努力把所有事做好，就难以把重要的事做得更好。

“知者行之始，行者知之成。圣学只一个功夫，知行不可分作两事。”只有悟道透彻的真知，才有事理圆融的行事。证得佛儒天地通，任它东西南北中。

做任何事都要讲道理，但做小事不用讲大道理，做实事不要讲空道理。发展是硬道理，但硬发展就是没道理。东说东有理，西说西有理，真道理才是真有理。

不能进步，便是退步，原地踏步，已然落伍。生活中，不少成功是从失败开始，不少失败是从成功开始。

人的一生离不开“人”、“事”两字，如何做人，如何做事。如何做事又取决于如何做人，因此“人事”，人在前，事在后。一撇一捺写个人，一生一世学做人。

真正的贫困，是没有时间享受生活；真正的美丽，是没有人工制造的痕迹；是真正的勇敢，是害怕该害怕的东西；是真正的明白，是明白有许多事情并不明白。

一等领导，有水平没脾气；二等领导，有水平有脾气；三等领导，没水平没脾气；四等领导，没水平有脾气。别人把你当领导，别把自己当领导；别人不把你当领导，要把自己当领导。

生意：生出主意；经商：经常受伤。高明的经商，既不伤别人，也不被人伤。

生活中，并不是因为事情难以做到，我们才失去自信，而是因为失去了自信，事情才难以办到。难成能成，难行能行，若失去自信，便失去了一切。

人事，先做人，后做事。事理，先明理，再办事。理在事中，事中理显。不怕事多，只怕多事。没事别找事，有事不怕事，大事化小事，小事化无事。

失业可能是重新创业的开始，蹲下是为了高高的跃起，挫折常常能激发勇气，逆境往往是通往成功的重要途径。成功者的共同秘诀——勇于挑战命运。

管理就是解决问题。发现不了问题，不把问题当问题，是管理者的最大问题。管理者要努力提高发现问题的敏锐性、分析问题的准确性、解决问题的有效性。

俗话说，好事多磨。事不怕多磨，怕的是所磨的不是好事；该不该磨，怎么磨，事先还是要有思考、有见识。不读书，无以广知识；不求智，难以成好事。

通则顺，谓通顺；顺则畅，谓顺畅；畅则快，谓畅快；快则乐，谓快乐。境界通透脱俗，做事通权达变，做人通情达理。通，乃快乐之源。

凡事应从大处着眼，从小处着手；从远处着想，从近处着力；从整体论成败，不从局部看得失；不但看清正面，了解反面，还超越正反两面，落实于绝对的客观。

事，有重要的，也有紧急的。不注重重要的事，就只能始终处理紧急的事；关注重要的事，就不会始终处理紧急的事。“忙”也是“茫”，“忙人”也是“茫人”。

忙碌的人，总是盯着紧急的事，而忽略了重要的事；总是关注着想得到的东西，而忽略了已得到的东西；总是盯着前面的景，而忽略了脚下的路。

常者等待机会，愚者抛弃机会，弱者错过机会，强者抓住机会，勇者抢占机会，智者创造机会。机会面前人人平等，能否抓住机会绝非人人平等。

如果你努力把工作当创造，把产品当作品，把工作当自己真正喜欢做的事，就会在日常工作中，时时感到充实和踏实，并萌发无穷的乐趣。

人要善于创造机会、发现机会、抓住机会。机会面前人人平等。但其中理性的思考和果断的行动起着重要作用，机会的大门为识大势者洞开。

财富是暂时的朋友，而朋友才是长久的财富；荣誉是一时的荣耀，热诚才是人生的根本；学历是以往的学习经历，学力才是决定现在和未来的能力。

学业、道业，必须虚心才能接受，心太满什么东西都进不去；心胸越开阔，装载知识的容量便越大，越虚心，越进步，越进步，越虚心。

有峡谷，才有高峰；唯有其深，才显其高。人亦如此，缺点越明显，优点越突出。组织的奥妙就在于聚合、相容，发挥人的长处，中和人的短处。

调音先调弦，做事先调心。何为激励？前面一沓钞票，后面一只老虎。何为民主集中制？听多数人意见，与少数人商量，一个人说了算。

权威，由权而来的威，那是短暂的。敬威，由人格魄力而来的威，那是永久的。人好刚，我以柔胜之；人用术，我以诚感之；人使气，我以理屈之。

东方文化强调人性、圆满；西方文化强调规则、制度。东方重圆，西方重方。科学的管理应方与圆结合，规则制度与传统美德结合。

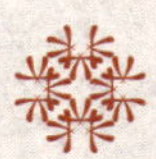

管理：管什么？既是管事，也是管人；理什么？既要理事，更要理人。管理的主体是人，管理的对象是人，离开了人而奢谈管理，终将一事无成。

稻穗灌浆前，空瘪，但它却骄傲地挺胸抬头；灌浆后，饱满，但它却谦虚地弯腰低头。人若有满腹经纶，但又虚怀若谷，这才令人钦佩。

最佳目标，不是最有价值的，而是最有可能实现的。谈判的最佳结果，不是胜利者单方的，而是双方满意的。

当领导的无一不想当个好领导，但如何当得成、当得长、当得稳、当得好？好领导应当是引航的船长、慈爱的兄长、施教的校长。

观人：以是非观其志，以辞辩观其变，以计谋观其识，以祸难观其勇，以醉酒观其性，以利益观其度，以行事观其薪。

人的一生，其实只做两件事：一是做必须做的事，二是做想做的事。智者和常人的区别在于：不仅高兴地做后一件事，而且愉快地做好前一件事。

有人说：太阳每天都会落下；也有人说：太阳每天都会升起；积极的心态像太阳，照到哪里哪里亮；消极的心态像月亮，初一、十五不一样。

命运自性格来，性格自习惯来，习惯自行为来，行为自思想来，思想自心灵来——人生如舞台，心是总导演。

人之心胸，多欲则窄，少欲则宽；人之心境，多欲则忙，少欲则闲；人之心术，多欲则险，少欲则平；人之心事，多欲则忧，少欲则乐。

新版“龟兔赛跑”：第一次乌龟赢了，因为兔子掉以轻心，睡觉了；第二次，乌龟又赢了，因为兔子只顾猛跑，方向错了。成功＝认真＋用心！

视野要开阔，思想要开放，潜能要开发，事业要开创，市场要开拓，脑袋要开窍，心情要开朗，观念要开通，吃饭要开胃，做人要开心。

挫折可以成为人生前进道路上的一块绊脚石，但也可以成为使人迈上新台阶的一块垫脚石。挫折——潜在的胜利，走向成功的阶梯。

兵贵神速先声夺人，商战贵在先机先发制人。欲得先制之利要敢为天下先，敢为天下之先要有先见之明。先，贵在恒久，时时进步才能不断领先。

糊涂与清醒殊途同归，前者对人看得太浅，后者对人看得太透，高明的领导看人——睁一眼闭一眼。

授权颁奖，公开为之；指责批评，私下进行。赞美时，放开喉咙；批评时，压低嗓门。人要学会科学批评，对事不对人，重在吸取教训，态度诚恳，避免当众批评。

工作的理想状态是：工作着并快乐着。为自己而工作，为兴趣而工作，为喜悦而工作，你就能干得投入、自觉、勤奋、开心。

对于领导者而言，宽以待人是有效管理的基本前提。常以尊敬与上司沟通，下情自然上达；常以尊重与下属沟通，上令必能下行。

企业管理最基本的规矩，是对人的尊重。少强调“约束”和“压制”，多花功夫于“尊重”和“激励”。

每个人的利益都是建立在别人利益满足的基础上。企业经营者要站在消费者的立场考虑问题，战略合作方要站在对方合作者的角度考虑问题。

好的领导者要做到：责人不苛，留肚量；持才不傲，留雅量；锋芒不露，留容量；有功不抢，留度量。

有才而性缓，定属大才；有智而气和，斯为大智。你能宽容和理解别人，别人也会宽容和理解你，如此便能形成一种和谐气氛，给人以舒畅感。

新经济就是“心”经济，对客户，要满足其心的需求；对员工，要关注其心的呼唤。领导的思路决定企业的出路，文化的深度决定企业的高度。

老板说：我只管大事。老子说：天下大事，必作于细。管理是什么？管理就是把司空见惯的小事做得更精致。

社会不缺商机，缺的是发现商机的慧眼。没人找机会时，机会碰破头；人人找机会时，碰破头也没机会。

管理，说复杂很复杂，说简单也简单。管理如同打高尔夫，先想明白人在哪里，球在哪里，洞在哪里，然后，握好球杆，摆好姿势，努力把球一下一下打进一个又一个的洞里。

制度管理是方，人性管理是圆，科学管理是外圆内方。管理是用别人的手，完成自己想做的事。要用好别人的手，先要关心他的“头”。

衡量管理者水平高低的关键，是在关键时刻如何处理关键问题。权利可以下放，责任只能担当。

“团”，一个方框一个才。团队，是人才的集合，是能力的互补。一个成功的团队，没有失败的人；一个失败的团队，没有一个成功的人。

不要等计划完成后，才来寻求合适人选。重要岗位永远有一定的候补队员——人力资源管理的金科玉律。

人离不开呼吸，呼吸就是吐故纳新。企业也离不开呼吸：产品要更新换代，管理要推陈出新，组织要适时调整，人员要有出有进。

看不到缺点，只看到优点，会用错人；看不到优点，总看到缺点，会无人用。头脑简单，事情复杂；头脑复杂，事情简单。

不说想说的话，要说该说的话。一吐为快的结果：吐到了别人，快乐了自己。说话的准确性，体现在时间、地点、对象以及场合的恰当性。

聪明人是把自己闪光的一面显露出来，智者是让别人把闪光的一面表现出来。为什么海纳百川，因为海置最低处。放低自己，抬高别人，方能融洽人际关系。

你要用一个人的手，就得用他整个人；既然用的是他的手，他的脸如何就不必太在意。

管理是管和理，对员工来说不是严加管教，而是多尊重、多沟通。同样的事情，不同的态度，会有不同的效果。如果把员工看成自己的同辈，平等地去沟通，一切管理工作都会事半功倍。

企业要学会资源共享，不能只顾自己。商场不是战场，而是生态系统，大家彼此依存。

企业要注意发展和控制。做企业犹如走钢丝，你要不断往前走，这是“发展”；走两步时发现自己摇摇晃晃，需要停下来调整，实在不行还得拿根棍子帮助平衡，这就是“控制”。

何为总经理？总，总揽全局；经，经营理财；理，理事自若。争名不如争明，夺利不如夺理。能将名利变明理，就能当好总经理。

观念的变更不会改变事物本身，但却能够改变对事物的认识。企业与企业间的根本区别，在于如何选择“有所为所不为”。

真正成功的企业家不会在乎一个项目的成败得失，他们在乎的是能不能够更好地整合社会资源——要获得这个能力，必须相信别人，取信于人，共建生态系统。

同事，共同做事；同志，共同志向。同事并非就是同志，同志并非一定是同事。同事加同志，人生一幸事。

权力不等于权威，更不等于敬威。让人服从靠权力，让人服气靠能力，让人敬重靠魄力。当领导的第一要义是要赢得下属的心。为此，须容人之过，记人之功，用人之长，待人以诚。还要牢记古训：轻财以聚人，身先以率人，律己以服人，量宽以得人。

领导是人，下属也是人，人和人都平等。因此，真正的好领导又不像领导，一定是怀平常心，说平常话，行平常事。

所谓领导：一是领，即领路；二是导，即导向。不是领工资，捣浆糊（上海俚语，混日子之意）。领导是否优秀，要看是不断证明下属无知，还是不断开发下属的潜质。

融是生意场上的最佳境界。各种资源要融合，各种矛盾要融化；方方面面的关系要融洽，大大小小的事理要融通。融的过程是共处，融的结果是双赢。

自满是损的开始：如果你自以为是高山，就会有人来取石挖土。谦虚是益的发端：如果你自以为是盆地，就会有人来倾倒余土。

气质，有质量的气。是正气，不是邪气；是和气，不是霸气；是细气，不是盛气；是雅气，不是俗气；是大气，不是小气；是灵气，不是傻气。

有所不为，才能有所为；有所不知，才能有所知；有所不长，才能有所长。

领导的清醒，不在于能看清不负责任的批评与指责，而在于能抵制名不副实的赞扬与奉承。每天都是在一件件小事中持续地塑造自己，人格本身的完善是成功的基石。

企业战略有什么用？放牛娃说：用一根绳子套住牛鼻子，再犟的牛也会乖乖跟我走。“好风凭借力，送我上青云”——企业战略运营的最高境界。

如果你想一次捉到两只鸡，那么两只都将逃掉。放弃一部分利益，是为了获得真正的利益。有时，最好的策略就是明白自己不该做什么。

欲成大人物，必妥善对待小人；欲成大事业，必不忘关注小事。爱人之人，人恒爱之；助人之人，人恒助之。因为心美，生活才美；因为坦荡，天地才广。

蜘蛛不会飞翔，但它照样能在空中织网。不要轻易说“不可能”，要说：“不，可能！”

资源整合的原理就如同冲咖啡：咖啡粉、糖、白开水、奶……适度地配比、搅和——味道好极了。

人的内心深处都有被重视、被欣赏的需求，有自我认同的本能。人在受到认可的情况下，比在遭受指责的情况下，更能勤奋地工作。因此，赞赏是引发人的工作热情的原动力，是成功管理人事的首要秘诀。

智者与愚者的区别：前者认为自己有许多东西不懂，后者认为自己什么东西都懂。拳击手为什么会失败？或是迟疑，或是盲动。企业经营大体也是如此。

失败是成功之母，成功也可能是失败之始。过去的成功经验，或许正是今天发展的陷阱。当决策与冲动纠缠在一起，决策往往是失败的。

企业价值链再造就是：把别人的前庭变成自己的后院，把自己的后院变成别人的前庭。成功的最佳目标，不是最有价值的，而是最有可能实现的。

三流企业等商机，以不变应万变；二流企业寻商机，以变应变；一流企业造商机，主动求变。与其痛定思痛，不如先谋后动。

高明的领导，让下属自觉很重要；平庸的上司，让下属自感很渺小。不能容忍下属的缺点，正是领导致命的缺点；随时发现下属的优点，正是领导可贵的优点。

管理有“术”，亦有“道”。管理之术日新月异，与时俱进；管理之道则以不变应万变，其根本在于努力赋予企业团队“整体的意志”，提升核心竞争力。

“中”者，合适；“庸”者，运作。中庸之道：合适的运作之道。适者生存：适时、适地、适人。犯错误往往是因为：在该说“不”的时候，说了“是”。

所有的人几乎都一样，那是指外形；所有的人几乎都不一样，那是指思想。愚者困于环境，智者利用环境；或愚或智，全因人之心境。

同样的东西，在不同的光线下会呈现不一样的面貌；同样的人和事，会因你不同的心情得出不同的印象。随时调控自己的心境，才能对人和事作出明智的评价。

面对下属，领导不能总说“知道”，说“不知道”，正是为了激发创造。敢于说“不”——力量的展示；敢于说“不知道”——自信的表现。

一个好的领导者对下属要努力做到：以和蔼之容处人，以谦让之态对人，以赞美之言励人；还应做到：在责备中带安慰，在批评中带肯定，在训诫中带勉励，在命令中带帮助。

文化，文化，文而化之，企业运作离不开文化。文化像空气，看不见，摸不着，听不闻其声，嗅不觉其味，但它无处不在，须臾难以离开。

一个企业规模越大，越需要有足够的文化空间，离开了文化，企业只是钢筋加水泥。在以人的创造性为基本特征的新经济时代，关心并致力于企业文化建设，是提高企业竞争力的关键所在。

事越烦，越要耐心，不少事情本身无法控制，我们只好控制自己。更何况，每一件事都可以不同的角度去观察。

怨天尤人、沮丧低沉的人难以给人快乐，乐观豁达、热力四射的人受人欢迎。当你点燃自己，散发光和热，人们自然就喜欢来靠近你。

说干就干，不要等待；未来不可知，当下最精彩。路在哪里？就在脚下，关键在于迈出第一步。

不干事总有理由，理由总比缘由足；肯干事总有办法，办法总比困难多。太阳虽暖，总得你亲自去晒；道理虽对，还得你亲身去行。

你能够毫不费力地为别人做的美好事情之一，就是赞美别人、欣赏别人，并帮助别人发挥潜能。魅力是一种吸引力，但其前提是你的付出。舍得，舍即得。

胆小心细，只把事情做小；胆大心粗，必把事情做坏；胆大心细，方把事情做好。聪明地去做，比努力地去做更有效。

成功者，多圆融。车轮是圆形，便于转动，苹果呈圆形，易受光照。人际关系如圆，宽以待人，和谐共存；人生如圆，圆满人生。

因为不得而求之——不得求之，常因求之而不得——求之不得，却缘不求而得之——不求得之。成功一定有方法，选对方法的前提：心态平。

摘下胜利果实之人，既注重向上伸手，更注重脚下垫砖。一鸟在手，胜过百鸟在林；一技在身，胜过家传金银。

运用之妙，存乎一心。管理之道在于先把自己的心管好，实现目标要有信心，做事要有恒心，待人要有耐心，工作要有细心。

世上有几件东西收不回：说过的话、泼出去的水、射出去的箭、虚度的年华、错过的机会。弱者等待机会，强者利用机会，愚者无视机会，智者创造机会。人之所以不平凡，正是因为抓住了平凡的机会。

比别人优秀并不一定优秀，比自己的过去优秀才是真正优秀。不经历痛苦的欢乐不是真正的欢乐，经受过失败的成功才是真正的成功。

事物有无相生、难易相成、长短相形、高低相倾、前后相随。一个好的领导要用人所长容人所长，还要容人所短用人所短。

企业里没有无用的人才，关键是在合适的岗位安置合适的人才。企业生存与发展的最大课题是发现、培养、使用人才，要时刻防止埋没人才，避免一般人才驱逐优秀人才。

生活中有烦恼，你若不把它当烦恼，你就没有烦恼；生活中有不足，你若不把它当不足，你就没有不足；生活中有困难，你若不把它当困难，你就没有困难。

人多的会议不要紧，要紧的会议人不多。开大会解决小问题，开小会解决大问题，不开会解决关键问题。

放下并非放弃，放下是相信“过去，过了就去”，心不执着；放弃，是失去信心和勇气。看破并非看透，看破是正反两面都没了，什么也看不见；看透是正反两面都看见，看得更清晰。

6

字藏人生

上下左右，莫非般若
横撇竖捺，尽是真如
慧眼观照，字藏人生

“人”字，一撇一捺，那是人的两条腿，一条腿在前，一条腿在后。人，一生一世要走路，一生一世学做人。“人事”，人在前，事在后，“欲成事，先成人”。

烟，“火”与“因”。“因”“火”而起，无“火”不成“烟”。气得七窍冒烟，那也是因为怒火中烧。

侣，两“口”“人”。一日为夫妻，终身为伴侣，谁也离不开谁。谈恋爱时，那是热恋，夫妻做长了，热恋成为依恋。滚烫的开水成了温和的热水，才能解渴；炽热的爱恋成了难舍的依恋，感情方能持久。

伴，“人”字旁，一个“半”，“人”的另一“半”。百年修得同船渡，千年修得共枕眠。夫妻，夫是妻的一半，妻是夫的一半。苦难、欢乐、钱财、荣誉……夫妻各有一半。

唠叨，“唠”，尚可，就是“口”“劳”罢了;“叨”就厉害了,那是“口”如“刀”。

炒，热“炒”的“炒”，是“火”“少”。生活中有不少商业炒作是用大火恶炒、爆炒。多炒还真能成热点，但恶炒、爆炒就炒成了焦点，一成“焦点新闻”，就可能被曝光。

沙，“水”“少”。水到哪去了？被人类过度采掘了。沙尘暴是大自然对人类的报复。人类只有一个自然，善待自然，就是善待人类自己。

婚，“女”与“昏”，女人发昏。结婚，那是因为：一见钟情，二见倾心，三见眩晕，终而发“昏”。难怪有人说：婚姻是爱情的坟墓。

钞，是“金”“少”。钞用纸做，仅有含金量，因此也叫“钞票”。钞票是一张纸，但就是这薄薄一张纸，折射人间多少世态炎凉，导致人世多少悲欢离合。真是：世人都晓神仙好，惟有“钞票”忘不了。

耻，“耳”与“止”，到耳朵就停止，听听而已。许多事，可以听，不能做。当然，这还只是低要求。高标准呢，当然是非礼勿视，非礼勿听，非礼勿言，非礼勿动。

夯，“大”“力”。“夯”实根基，一定要出大力，无论是造房子、搞学问，还是做人。

返，“反”字下面一个“走”，反着走。路走反了，可以返回；题做错了，可以重做；事做错了，可以改正。什么路都可以“返”，就是人生之路不能“返”，人生是条单行道，没有回程票。

否，“不”字出“口”。什么时候“不”字该出口，什么时候“不”字不该出口，其中大有学问。有时，应该缓出口，譬如，对别人的不同意见要善于倾听，不要轻易否定；对人要辩证看待，不要全盘否定。有时，该出口时就出口，譬如，面临不良诱惑及貌似机会的陷阱。

迷，人在米字路口走。人，难免会犯迷糊，或迷失，或迷途，或迷惑……偶尔迷糊情有可原，但万不可“执迷不悟”。因为“当局者迷”，所以要善于听取旁观者的意见；因为“当事者迷”，所以事前要多思考、多分析，事后要认真总结。

功，一个“工”，一个“力”，顾名思义，做工出力就是立功。科技进步了，出力还是出的，但已不是体力，而是脑力。时代不同，出力的含义、内容不同，这就叫“与时俱进”。

过，“寸”与“走”。按照尺“寸”“走”，超出了就“过”了。悬崖边上，往前一步就会跌下深渊，这就叫“过犹不及”。

尖，上“小”下“大”，先“小”后“大”，“大”由“小”来，“小”中有“大”。“大”是“小”的基础，“小”是“大”的精华。

搞，提手旁，一个“高”，高手。“搞”研究、“搞”项目、“搞”建设，“搞”运动……都是人中“高”手。

传，“人”字旁，一个“专”，“专人”也。好些技艺之所以年久失“传”，就是由于没有“专人”继承。中华文化源远流长，代代相传，才能发扬光大，如同长江后浪推前浪。

活，三点“水”，一个“舌”。“活”要靠“水”，雨露滋润禾苗壮。民以食为天，食则要用“舌”。生活的“生”，是生机勃勃的“生”；生活的“活”，是活蹦鲜跳的活。

劣，“少”出“力”。偷工又减料，加工少出力，产品质量“劣”；整日“磨洋工”，出工不出力，工作态度“劣”；碌碌无为，虚度光阴，不思上进，人生态度“劣”，自然生活质量“劣”。

路，“足”字旁，一个“各”，各有各的足，各走各的路，大路通天，各走一边。世上本无路，走的人多了，也就成了路。

适，一个“舌”，一个“走”。饭后百步走，活到九十九。长寿之道，众说纷纭，概而言之，“适”者有寿。

臭，“自”“大”多一点。人要有自信，但不要自大。自大之人只是自以为大，你的能耐究竟有多大，要由别人来评判。如果因为你太“大”，别人无法把你装进眼里，自然也就“不把你放在眼里”。

累，“系”于“田”。农民“日出而作，日落而息”，为生计整日劳作于田，那就是“累”。城里人也劳作于田，不过，“田”的范围更广，它包括了一切挣钱谋生的途径和手段。财产积累的前提是辛勤劳作，因此，积累也是积“累”。财大为什么会气“粗”？那是“累”出来的。

容，一个宝盖头，一个“谷”，屋顶下有“谷”。可理解为：家里有谷，才是最重要的，“民以食为天”。有容乃大，也可理解为：天底下“容”是最大的，海纳百川。人若能宽大包容些，许多事情相对而言就较易解决。“容”则“易”，那就叫“容易”；反之，不容则不易，因此叫“不容易”。人要努力提醒自己，常持宽“容”的心态、包“容”的姿态、美“容”的形态、笑“容”的神态。

企，“止”与“人”，止于人。企业就是志同道合的人一起干事业，“企”业离开了人，那就成了“止”业。高明的企业家都懂得远距离看钱，近距离看人。

敏，一个“每”，一个“文”，每天看文章。一个人对事物、对环境的敏感程度如何，取决于他的知识积累；而知识积累的重要来源之一就是多学习，“每”天看“文”章。

贪，上为“今”，下为“贝”。今天就要钱。君子爱财，取之有道，要义利兼顾，万不能见利忘义。事实上，见利忘义的结果往往是人财两空，义也不义，利也不利。

体，一个“人”，一个“本”。身体为人之本。对于人的幸福起着重要作用的，包括健康的体魄、愉快的心情、良

好的智力和高贵的品格。而其中，健康的体魄是基础，愉快的心情是从健康的身体里长出的花朵。

意，上为“音”，下为“心”，就是心中的音。之所以“有意”，就是因为心灵相通，琴瑟和鸣。上海人讲“适意”，就是适合自己的心意。

欲，一个“谷”，一个“欠”。欲望的真正根源在于欠谷，也就是没饭吃。但现实生活中，许多人的“欲”并不是来自于没饭吃。其实，所谓痛苦，就是欲望和现实之间的差距，欲望越高，和现实的差距越大，痛苦就越甚。

战，一个“占”，一个“戈”，为“占”领土而大动“干戈”。世界上战事不断，说到底就是为了那个“占”。你战、我战都为“占”，恨不止恨，何时了却恩怨？但愿干戈化玉帛，以爱止恨，从此人间不战。

知，一个“矢”，一个“口”。说话要有的放矢，对不同的人要说不同的话。市场营销成功的秘诀之一，就在于找对人，说对话，做对事。

信，“人”字旁，一个“言”，人之言。“一诺千金”、“君子一言，驷马难追”，那就是“信”。做人——忠义为上；做事——诚信为本。

敌，一个“舌”，一个“文”。以舌头做文章，巧舌如簧，搬弄是非，也就是人们常说的“小人”。仁者无敌，并不是说仁者在生活中不会遇到“小人”，而是说仁者能宽厚、大度、能容人，对“小人”的搬弄是非并不在意。仁者有智，因为深知恨不止恨，爱能止恨。

和，一个“禾”，一个“口”，“禾”在“口”边。没饭吃，要打仗；有饭吃，就能和；大家吃，是“共和”。“和”是礼仪中最基本的道德规范，“礼之用，和为贵”。天时不如地利，地利不如人“和”，“和”的核心在于良好人际关系、生态环境的建立。人人从我做起，就能建立起一个和谐社会。

抱，“手”与“包”，用手包。对朋友要友善，拥抱朋友，你才会从朋友处得到关爱和帮助；对生活要热爱，拥抱生活，笑迎每一个日出，才能使阳光充满你每一天的心灵。

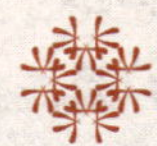

捧，“手”与“奉”，双手“奉”上即为“捧”。但捧上后，双手一放，奉字落地，化为乌有。那就叫：捧得越高，摔得越重。

贫，上为“分”，下为“贝”，分钱。钱尽管多，但若是大家分，也就少了。而且怎么分呢，“分”，上为“八”，下为“刀”，还要切成八刀，那就真的是所剩无几了。

源，“水”之“原”。任何事物只要存在总有理由，因此，良好的思维习惯，是对任何事都问一个“为什么”，寻“根”问“源”，知其然，还要知其所以然。

正，“止”于“一”。何为“一”？九九归一，一乃至善之所在。心达到了至善，就能不牵挂于外，不胡思乱想，不生气，不执着，不贪求，不索念，不被万物累身，不被利欲熏心，内心一片开阔。

恕，上为“如”，下为“心”。如是“如来”，“恕”就是“如来”之“心”。宽恕别人的人，怀着的是一颗“如来”博大、宽容之心。

歪，就是“不”“正”。虽有小人得志之事，但那决不长久；虽有歪打正着之说，但那不是规律。善有善报，恶有恶报，不是不报，时候未到。所以，人还是要：勿以善小而不为，勿以恶小而为之。“正”是“止”“一”，“歪”是“不”“止”“一”。因此，平时人们常说，歪理十七八条，真理只有一条。

饱，一个“食”，一个“包”。敞开肚子吃，如此，保你必“饱”。人对生活的追求，就是六个字：肚子饱，心情好。物质第一性，精神第二性。肚子吃不饱，常为饥饿恼，哪能心情好？但肚子吃饱，能否快乐，全靠心情好。过去，我们努力战胜贫困；现在，我们要努力战胜烦恼——现代人要学会把好日子过好。

恩，“心”之“田”。人人都有一方心田，广种福田，广结善缘。种下仇恨，收获痛苦；种下恩惠，收获快乐。

甜，“舌”与“甘”。舌头是人的味觉器官，想知道食物是什么滋味，个中甘苦，舌头最有发言权。食物的甘苦用舌头尝，生活的甘苦呢，那需用心去“悟”。

仁，“人”字旁，加个“二”。二就是两个人，人与人。社会由人与人组成，有我有你。两个人在一起，就产生了如何相处、如何相爱、如何互助的问题，这就有了“仁”。

悟，竖心旁，一个“吾”，“吾”即“我”，“悟”就是我的心。能改变事物进程的，不靠天，不靠地，靠自己。从来就没有什么救世主，也没有神仙皇帝，要解放全人类，全靠我们自己。

闷，一个“门”，一个“心”。心在门里为“闷”，开了门呢，那就叫“开心”。一个人关在牢里，不开心，因为天地太小，没有自由。但一个人若过分关注自己，那就如同把自己关进精神的监狱。敞开心扉，阳光明媚。

师，比“帅”还多“一”些，多些什么呢？不是权势，而是知识。知识经

济时代，需要有学问的“帅”，需要CEO去读MBA。

证，“言”与“正”。“证”，“正”确之“言”。你要证明，要论证，本身要符合事实，符合科学，方法是正确的，结果是准确的。“证”，“正”义之“言”。要符合真理，伸张正义，不唯上、不唯书，要讲真话，实事求是。

患，“串”与“心”。忧心、烦心、操心、担心、恼心，一“串”“心”。得失本一体，得到的越多，担心失去的忧虑就越重。福气，有福必有气，你有多少福，就受多少气。

超，下为“走”，上为“召”。“召”字拆开来，是“刀”与“口”，因此，所谓“超”，就是“走”在“刀”“口”边。这一说，就该知道超车、超常规发展的危险性了。

念，“念”者，上为“今”，下为“心”。今日之心，为念。人之感觉由心出，人之行为由心役。念头稍异，境界顿殊。一念清净烈焰成池，一念惊觉船登彼岸。

道，“首”与“走”。“首”是“头”，“走”用“脚”。“道”就是头与脚的结合，用“头”去想，用“脚”去走。上为“首”，下为“走”，凡事要想明白再干，审时度势，先谋后动。不仅要把事做对，更要做对的事。

逛，一个“走”，一个“狂”，狂走也。“逛”，女人之专利。女人进了商场，如同免费逛公园，心里的喜悦说不尽，眼前的美景看不完，眼睛放光，浑身是劲，如醉如痴，狂走不休。

峡，两“山”相“夹”。有高山必有深谷，有深谷必有高山。惟有山高，才显谷深；惟有谷深，才显山高。同理，生活中个性鲜明、才华出众之人，其长处与短处、优点与缺点往往互相映衬。

舒，“舍”与“予”。“舍”即舍得，舍去时间、精力，得到的是知识的长进、工作的成就；舍出对人的关爱，得到的是别人的敬爱；舍弃自身的烦恼，想得开，得到的是心灵的自在。“予”即给予，你能给予别人，至少说明你比别人强，施比受有福。

朋，“月”和“月”组成，同形又同向，月月来相伴。人生多坎坷，相助靠朋友。朋友、朋友，碰碰就有。有什么？有信息，有商机，有思想，有交流。

挣，一个“手”，一个“争”。意思就是钱是靠双手努力地、一点一点地去

“争”的。对个人而言，那就是打工挣钱；对企业而言，那是产品经营。

俗，左为“人”，右为“谷”。何为“俗”，人吃谷，既然天天都要食人间烟火、五谷杂粮，所以人也难脱俗。真要脱俗，除非人不吃谷。谁能不吃谷？除非是佛。“佛”字拆开来，就是“人”与“弗”，弗人，非人也。

怒，“心”之“奴”。小人易怒，君子戒怒。怒就易动气，君子能忍气；怒就易拒人，君子能容人；怒就易责人，君子能责己。怒只能损害自己，全无用处，更无好处。

教，“孝”与“文”。百善孝为先。若不“孝”，又怎能对朋友义，对企业忠，对国家爱？所谓“教化”，是以“孝”之“文”去感化；“教诲”，是以“孝”之“文”去诲人；“教育”，是以“孝”之“文”去培育……

儒，一个“人”，一个“需”。儒生、儒士、儒将、儒雅、儒商，“儒”为众人所欢迎，“儒”为众人所称道。故“儒”字，人之需也。既是人之需，就应成为己所求，追求知识，追求文化，追求文明。

赚，一个“贝”，一个“兼”。钱财的获得靠的是以钱吃钱、钱生钱。对个

人而言，那是用余钱存银行、买股票等投资理财；对企业而言，那是收购兼并、包装上市等资本经营。

命，“人”“一”“叩”。人一叩头，这就认命了。人们常说，要把命运掌握在自己手上。这话只说对了一半。人应当把“运”掌握在自己手上，“命”很难掌握，因为那是“命中注定”；运却不同，可以“时来运转”。

痴，“病”字头里一个“知”，无知也是病。人会生病，心灵脆弱的人更容易生病，而最不易治的则是心病。我执、无明、妄想等，谓之痴。

忠，“心”在“中”谓“忠”。管人的核心在管“心”，要求员工忠诚于企业，企业先要做到真诚对待员工，切实关心员工利益。当员工从内心深处感受到企业对他真诚关心时，他就会与企业实现心理上的共通、共鸣，从而自觉地忠诚于企业。

诚，“言”字旁，一个“成”，言必行，行必果。生意人敬关公，那是因为关公是忠义的代表。忠的另一半，是“诚”，叫“忠诚”；义的另一半，是“信”，叫“信义”。

处世方圆

外柔内刚，外圆内方
世事洞明，皆是学问
人情练达，即成文章

中华文化的核心在于“和”，“礼之用，和为贵”、“和气生财”、“和商共赢”、“两和皆友”、“天时不如地利，地利不如人和”。人心和，才有家和、国和、社会和。

佛性在内，悲心至切，慈心周遍，时时处处和颜悦色待人接物，讲话温和轻柔，态度谦诚亲切，使人人都能从身心上得到温暖。

行善是自然流露，不存任何他想，若刻意地做善事，那就成了人为。“人为”也就是“伪”，因而那个“善”，也就成了“伪善”。

世界上没有两个人完全相同。因为有差异，世界才美丽；因为能共存，人类才和谐。大千世界之灿烂正在于美美与共。

万物之间相互依存，互即互入，我有故彼有，我灭故彼灭。明白了互即互入的道理，才有可能对一切众生生起无尽的同体大悲，才有可能摆脱贪、嗔、痴。

所谓“慈悲为怀”，就是给予众生安详和喜悦，就是帮助众生减轻烦恼和痛苦。我们要练习细微地观察别人的需求，并尽力满足，“慧眼视众生，谛听世间苦”。

我们见过由电而发出的光，感受过由电而产生的力，但我们从未见过电。爱心人人皆有，但我们也从未亲眼看见，需要去感受、发掘、显现，如此就能使你时时生活于平安和愉悦中。

修福意味着你为了获得福报而修行；修慧意味着你为了获得智慧而修行。充满喜悦，福慧双修，你就会充满力量。“行善不带算盘，积德便自在”。

人要学会“变通”，变是手段，通是目的，因变而通。坚定性是前进的动力，灵活性是前进的策略，前者是刚，后者是柔，刚柔并济才能达到目的。

忠：中心为忠，人要忠诚地面对自己的内心和良知。恕：如心为恕，人要以己心比人心，换位思考。好好尽心，完善自己，是忠；将心比心，善待他人，是恕。

人要尊重自己、尊重别人、尊重每一个生命。因尊重自己，才会尊重别人；因尊重别人，必然不霸道；因不霸道，必然不掠夺；因不掠夺，故有永续的生命。

人长两只眼，看人看事要睁一眼闭一眼；人长两只耳，偏听则暗，兼听则明；人长一颗心，做事要一心一意；心有左右两个心房，既要为自己想，也要为别人想。

所谓“德行”，就是由道德决定的行为。德行也可理解为就是信仰，就是具有普世意义的做人的基本原则，也正是在这一点上，人与人之间分出了高贵与卑劣。

不能让孩子输在起跑线。起跑线在哪里？在幼时，童蒙养正。父母是孩子的样子，孩子是父母的影子，为了孩子的一生，我们常要反省自己：我们怎样做父母。

人争一口气。重心放在“争”上，就会怄气、赌气、不服气、生闷气；重心放在“一”上，就会正气凛然，遇难不惧，心平气和，不生闲气。

时时处处让自己“常乐喜净”，那是“美德”；使周边亲朋好友都能快乐，那是“积德”；使众生喜乐，那就叫“功德”。大爱无疆，众生无边，功德无量。

一个人做点好事并不难，难的是做一辈子。但当你真正明白行善也就是在净化自己时，你就会自觉坚持。点亮一盏灯，照亮了别人，也照亮了自己。

人受五行之气而成，自然要秉五行之性。仁为温和慈爱；义为决断事物，使万事合宜；礼为区分长幼尊卑；智为明辨是非，格物明理；信为实在认真，脚踏实地。

生命无常，就像叶子从树枝坠落，就像流星划过夜空。珍惜身边的每件事，善待身边的每个人，珍视每一段时光，你就不会只用外在的东西来填补自己的生命。

当一个人关注众生，把小我融入大我，先天下之忧而忧，后天下之乐而乐时，他就已经站到了相当的高度——会当凌绝顶，一览众山小。

命运线，每个人手上都有，握起拳，命运在己手。人生如舞台，我们是演员，精彩的人生每天都直播，不分前台和后台。

白昼黑夜，春夏秋冬，万事万物缘去缘来。缘来是美，缘去亦是美。天地有大美，大美在人心，心中永葆爱，世界就成为美好的乐园。

道同相谋，道不同不相谋。喝茶有茶道，击剑有剑道，摔跤有柔道，经商有商道，生活中有同学、同事，最高层次是同道。得道多助，失道寡助，万不可大逆不道。

有智慧，是完善自己，就能放得下；有慈悲，是善待别人，与人为善也是与己为善。既有智慧又有慈悲，你就会发现天天都生活得自由自在。

尊重自己，也就是尊重别人。人有地位高低、财产多寡、学识多少之不同，但从人性的本质上讲都一样，人生有长短，生命无贵贱。自尊者尊人，尊人者人尊。

领导级别的高低，不是看有多少人为他服务，而是看他能为多少人服务；人的成功不在于他在世时认识了多少人，而在于他离开人世后，有多少人认识他。

滴水虽微，渐盈大器；常发善心，自成功德。智者成人之美，扬人之善，包容天下众生，只为天下皆得安乐，建设和谐社会。

若你有道理，没必要发脾气；若你没道理，没资格发脾气。发脾气，于事无补，于人不利，于己无益，只会伤害感情，坏了身体，明白于此，你就不会发脾气。

掌握并拥有丰富的人脉资源，意味着你的人生成功了一大半。人与人相遇、相识靠的是缘。人脉也需经营，互惠、诚信、分享则是其中必须遵循的基本原则。

多看别人的长处，有利于扬人所长，补己所短；多看别人的长处，就会使自己不断提高，不断进步；多看别人的长处，博采众长的结果一定是利人又利己。

“沟通”就是通过交流、商量、通气、协调，寻求出可行的途径，使鸿沟变通途。彼此了解对方的意见有何不同，了解对方的立场和行为，才有可能协调一致。

忍，是从长远计而不做能做之事，这需沉得住气、耐得住寂寞、守得住孤独，更需要有坚定的信念，任何时候都相信浮云眼底总难凭，牢把脚跟立定。

天空无垠，只因它收容每一片云彩，无论其美丑；高山雄伟，只因它怀抱每一块石头，不论其大小；大海浩瀚，只因它容纳每一朵浪花，无论其清浊。

对人，不用看得太清；对钱，不要看得太近；对事，不必看得太明。眼开是喜欢，眼闭是清净，眼开眼闭是开心。

赞美是人与人之间沟通的润滑剂。赞美需要细心，要善于迅速地发现别人身上的可赞美之处；赞美需要爱心，常怀感恩之心，你才会发现别人身上的闪光之处。

同样助人，境界不同、姿态不同、心态不同。有人把助人作为投资，也有人是“我帮过谁，不必记牢，谁帮过我，一定牢记”。

看到别人的优点要想想“我是否也具备？还有些什么差距”？看到别人的缺点，要自问“我有没有？应当怎样克服”？以人为镜，助你有自知之明。

所谓“自大”，就是自以为大。敢于把自己说小的，往往是大人物；敢于把自己说大的，往往是小人物。人若自大，不能正确认识自己，也难以正确看待别人。

人在临终前往往后悔，只顾追名逐利，而忽略了最为宝贵的友情、亲情和爱情。在平时常作临终前的那种回顾，或许从现在开始，你就会知道自己该怎么做。

外柔内忍，养身之气，温颜柔语积福慧。缩小自己，扩大别人，便能排除人我是非的烦恼，安稳静定。暴躁怒气，不仅于事无补，而且破坏人格，于人于己都不利。

人由相识而相知，由相知而相交。所谓“打交道”，实是因为相互交换的是“道”，志同道合是基础。

有意去接受别人无心的伤害，那正是自寻烦恼。即使是有意中伤，也应该想到对方必有烦恼而加以宽恕，如此就能提升自己的美德，时时使心中充满欢喜。

一个有爱心的人，首先是“爱”自己心的人，人不自爱，无所不为。只有“爱”自己的心，才会对别人奉献“爱心”，“爱己者，仁之端也，可推以爱人也”。

人立于天地之间，同样的人生，不一样的情怀。若想成为一个响当当的人，当应“以天下为己任”，以慈悲和大爱自觉而觉人、自立而立人。

人与人相处难免有怨有怒，但人的内心更应有恕有慈。有怨，是事；有恕，是理。观事观理，其性本空。观空悟空，何不可恕？宽恕是药，药到病除。

所谓“善解人意”，就是善于理解别人，能站在别人的立场考虑问题，尊重别人的想法。善解的前提是拥有善心，对人时时怀有恭敬心，处处怀有感恩心。

同样是乐，聪明的乐更多的是与自己的身心满足有关，智慧的乐更同别人有关。俗世的、功利的、短暂的是快乐，而超脱的、利人的、长久的是喜乐。

给予是一种能力，它回报给你的是持久的快乐。当你看到别人因你的付出而获得幸福时，你的人生便发出美丽的光彩。帮助他人，是人类幸福的终极秘诀。

成功的合作关系，就是要不断改善与所有共事者的互助方式，探讨如何让对方更满意。不关心对方的人，遭遇到的人生困境也最为严重。

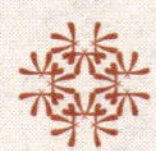

每个人都有两重身份，显性身份，是名片上所印；隐性身份，是人品、学识、修养。人和人之间的根本区别不是职业、权势、财富，而在于做人的境界和品位。

做人要把眼光放大，目标放远，不要为了带不走的东西而斤斤计较，以至每天沉溺于尔虞我诈、成败得失。为了人生的大帐，真要对平时的那些小账“忽略不计”。

无论是对人、对事，我们都要包容不足，允许缺陷的存在。所谓“完美”的另一种解读，就是：如果你样样都要十全十美，那“美”也就“完”了。

人不仅要学会牢记，也要学会遗忘，特别是陈旧的观念、不快的往事、别人对你的伤害。好心态一是珍惜当下，二是遗忘不快。“给我一杯忘情水，换我一夜不流泪”。

爱就意味着为了那个你爱的人而安住当下，你能够给予最爱的人最珍贵的礼物就是你的存在，你真实的地址是：身体、心灵和当下。

倘若一个人的心灵因无休止的拼搏而麻木，情感因数不清的钱财而物化，并因此失去了爱与被爱，遗忘了友情、亲情和爱情，那他活着又有什么乐趣？

干、敢干，更要会干，能巧干。敢干而不会干，不仅是白干，还会是瞎干。成功，离不开朋友；很成功，离不开对手。

高雅与世俗对立，而真正的高雅，既体现于自己远离世俗，也体现于包容别人世俗；既体现于规避钱的不正来路，也体现于远离来路不正的钱。

改变能改变的，接受不能改变的。成功者，知错就改；失败者，知错不改；痛苦者，总后悔已犯的错，而后悔已犯的错，恰是更大的错。

与其批评别人，不如督促自己；与其要求别人，不如改进自己。时时说稳当话，做本分人，养淡泊情，怀惭愧心。

上帝给了我们双眼，是要我们看清事实，上帝也给了我们眼皮，是要我们该闭眼时就闭眼。有时，睁开两只眼；有时，闭上两只眼；有时，睁一眼、闭一眼。

人本是人，不必精心去做人；世本是世，无须精心去处世。忙时山看我，闲时我看山，时时欢喜心，物我两安然。

你的父母是谁，对于人生能否成功，并不重要；你的朋友是谁，对于人生能否成功，却很重要。未来能走多远，关键看你与谁同行。

为别人带来安详和喜乐，是慈；解除他人的忧患和痛苦，是悲；“慈能予乐，悲能拔苦”。当慈悲成为一个人心中力量的源泉时，便能给他人和自己带来安详和喜乐。

朋友者，比路人温情，比同事宽厚，比老板平等，比情人可靠，比亲戚无私。

帮助人是一种崇高，理解人是一种豁达，原谅人是一种美德，服务人是一种快乐。人有一份气量，便多一份气质；有一分气质，便多一份人缘；有一分人缘，便多一份成功。

比被人议论更糟的，是没任何人议论；比让人害怕更糟的，是不知道什么叫害怕。有时，不冒险比冒险更危险；有时，所有人都站在一边就意味着灾难，例如在船上。

所有的人都是平凡的，有些人因知道这一点而真正成了不平凡的人。把简单的事情重复做好就是不简单。

“烦”字，火字旁；“恼”字，竖心旁。烦恼如同火烧心。憎恨别人就像为了逮住一只老鼠，而不惜烧毁自己的房子。

希望是人生的灯塔，对自己不抱希望，幸福会远离他；对别人不抱希望，别人会疏远他；对生活不抱希望，生活会抛弃他。

做事要高调，做人要低调；与其长脾气，不如长本事；少管别人是非，常思自己言行；常谦虚谨慎，莫自命不凡。

朋友是相遇，朋友是相知，朋友是相契，朋友是相交，朋友是相伴，朋友是相助，朋友是相思，朋友是相辉。淡淡的味道是纯，淡淡的友情是真。财富不是朋友，朋友才是财富。

心善，乐善好施；心宽，宽大为怀；心正，正大光明；心静，静心如水；心怡，怡然自得；心安，安常处顺；心诚，诚心诚意。心为君之官，心医治百病。

珍惜今天，满意昨天，乐观明天；不为掌声所迷，不为困境所压，不因失败而跨；时刻关注自身的言行，时刻关切他人的困难，这就是人生的品位。

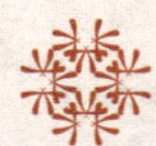

说话不可无意，待人不可苛刻，人情不可不顾，利害不可不明，钱财不可多贪，消费不可无度，昼夜不可颠倒，轻重不可不分，心意不可乱想，善恶不可不知。

人生路漫漫，能有几回欢，一草一木皆有情，相识相遇都是缘。豪富未必是幸福，快乐全在好心态，返朴归真大道简，解脱放下求心安。

感恩是知足之源，知足是快乐之泉，快乐是健康之宝，健康是幸福之宝，幸福是长寿之根。树高是因为根深，长寿是缘于感恩。

人与人交往应学水，自然平和，宠辱不惊，顺应随缘，低调随遇，宽容随喜，善解人意，时刻保持真善美之心，珍惜身边每一个有缘人。

朋友，虽不常见，却如阳光和水般宝贵。有难时，假朋友，开口也是白开口；真朋友，不开口也如开了口。朋友是风，朋友是雨，有了朋友可以呼风唤雨。

站得越高，看得越远；看得越远，心胸越宽，包容越大；包容越大，朋友越多；朋友越多，事业越顺；事业越顺，身体越好；身体越好，开心越多。

自己带不走，别人抢得走的是钱财；自己带不走，别人抢不走的是学问；自己带不走，别人能留下的是智慧；自己能带走，别人留得住的是功德。

面对多变的世界，人要“善变”，更要“变善”。闻善、见善、求善、行善，好人一生平安。人人变善并行善，世界将变成美好的乐园。

心中能容，万事就易；心中不容，万事不易。快乐不在于拥有得多，实在是因计较得少。地上种菜，就不易长草，心中能容，就不易有烦恼。

对人，要宽容，不要斤斤计较；对事，要超脱，不要瞻前顾后；对己，要豁达，不要患得患失。大方才能有大气，大气才能成大器，大器才能成大事。

做事既有成败得失的外在结果，也有清净心灵的内在结果。诸恶莫作，众善奉行，以利他情怀做事，就会在自利的同时利益他人，在利益他人的同时成就自己。

生活是让我们认知并处理好人与他人、自然、环境的外部关系，是让我们认知并处理好人与自我、自心的内部关系。两者的统一，正是生命的和谐。

凡事皆有度，过犹不及，适者有寿。太聪明的，反误了卿卿性命；太算计的，往往会失算；太功利的，终会成为不利；太享受的，变成了受不了；不吃亏的，到头吃大亏。

为别人做事，就等于为自己做事，对别人好，就是对自己好。那些没有与别人分享幸福的人，等于没有寻找到幸福的途径——分享可使幸福翻倍。

只顾自己利益，反而会失去利益；只想留下退路，反而会没有出路；只愿活在希望，反而失去失望；只想利用别人，反而没有利用；只想别人帮助，反而没人帮助。

凡事须留有余地，不留余地，自己也难转身；待人须懂得让步，不肯让步，结果会处处碰壁；处世须给人方便，不给人方便，结果自己处处不方便。

“忍无可忍”并非不可忍，而是能忍常人之不可忍，那是一种境界，一种修为。忍一时的屈辱，能灭一时的怒气；修一世的忍耐，能给自己一生的福慧。

树因承受风雨，才有众鸟栖息；海因不辞百川，才有众鱼群集；人因有博大胸怀，才能罗致十方。凡事往大处远处着想，才能随缘自在，任性逍遥。

什么叫“与人方便，与己方便”？当人脑子里想着别人的时候，别人把方便也给了他；当人脑子里总想着自己的时候，别人把不方便也给了他。

与朋友相处让三分，与长者相处敬三分，与弱者相处帮三分。善解人意，善待别人，与人为善，勿以善小而不为，善心即天堂。

搞好人际关系要做到记人之功，忘人之过，万事从宽，凡事免苛，以责人之心责己，以恕己之心恕人，己所不欲，勿施于人，和气宽厚，通情达理。

人，要学会与别人有效沟通，因为这是与人友好共事的前提。但，人更要学会与自己有效沟通，因为这是与别人有效沟通的前提。

生活难免有许多烦恼，朋友伤害你时，应想一想过去曾与他有过的美好时光；看不惯别人的处事时，应想一想他身上是否还有闪光之处。

人我之间、人事之间、人物之间、人情之间、人心之间，都需留若即若离的空间，亲密不能“无间”，仍须“有间”。人际关系如果没有伸缩空间，就会造成摩擦，产生分裂。

人者“仁”也，助人者人助，尊人者人尊，信人者人信，爱人者人爱。得道多助，失道寡助，所以，为人要“厚道”。

若不将别人的短处视为缺失，若不将别人无意的伤害视为敌意，自然获得别人的敬重。“不患人不知，患不知人”。柔和总比暴躁好，结缘总比结怨好。

凡事想明白也罢，想不通也罢，终究会随着时光如烟花般飞逝，所痛苦的也许只在当时的执着罢了。学会爱自己也爱别人，包容大千世界，释然身边的是是非非。

我们对某一个人生气时，通常只是对一些特定的事或几句不妥的话。此时，那个人的其他部分都不见了，剩下的只是触动自己不快的那一点，并将它加以放大。“一叶障目，不见泰山”是愚蠢的，它会使人失去理智。明白于此，我们就会少生气。

余惕君著作

1985 年 《现代生意经》— 长江文艺出版社，
《现代企业领导》— 山东人民出版社
《广告的学问》— 上海交大出版社
1986 年 《企业经营概论》— 吉林人民出版社
《外国经营术》— 上海交大出版社
《市场调查诀窍》— 上海交大出版社
《新产品开发》— 上海交大出版社
《现代经营领导十题》— 上海交大出版社
《现代销售窍门》— 上海交大出版社
1987 年 《经济发展与环境保护》— 上海交大出版社
《话说技术市场》— 上海交大出版社
1988 年 《承包、租赁、股份制问答》— 上海翻译出版公司
《企业领导经营观》— 安徽人民出版社
《腾飞之路》— 上海交大出版社
1989 年 《实用推销术》— 上海翻译出版公司
1990 年 《搞活大中型企业的目标与对策》— 上海翻译出版公司
《企业内部分配手册》— 上海翻译出版公司
《开拓经营的艺术》— 上海翻译出版公司
1991 年 《外商来华经商必读》— 上海译文出版社
1993 年 《国际竞争策略》— 上海远东出版社
1997 年 《中国企业发展大趋势》— 上海人民出版社

2000 年　《从经验到理性》＿上海科技文献出版社

2004 年　《俗世方圆》＿上海文艺出版社

2005 年　《大智若“余”》＿江西二十一世纪出版社

2006 年　《字藏玄机》＿上海人民出版社

《养生一点通》＿上海中医药大学出版社

2007 年　《管理“余”言》＿上海远东出版社

《管理心语》＿香港万里出版机构

2008 年　《大道至简》＿上海人民出版社

《字里人生》＿香港万里出版机构

《快乐心经》＿香港万里出版机构

《快乐其实很容易》＿上海人民出版社

2009 年　《你可以活得更好》＿安徽科技出版社

《圆满心法》＿香港万里出版机构

《快乐书》＿江西科技出版社

《寻觅一本“正”经》＿上海人民出版社

《凡尘悟道》＿文汇出版社

2010 年　《情爱有道》＿文汇出版社

《知“余”常乐》＿上海交通大学出版社

《成语禅解》＿格致出版社、上海人民出版社

2011 年　《生活禅思》＿格致出版社、上海人民出版社

《你可以活得更快乐》＿安徽科技出版社

图书在版编目（CIP）数据

快乐"余"言/余惕君著. —上海 ：文汇出版社，2011.5
ISBN 978-7-5496-0163-9

Ⅰ.①快… Ⅱ.①余… Ⅲ.①人生哲学－通俗读物
Ⅳ.①B821-49

中国版本图书馆 CIP 数据核字(2011)第 091867 号

快乐"余"言

作　　者 / 余惕君
责任编辑 / 闻　之
装帧设计 / 周夏萍
出版发行 / 文匯出版社
上海市威海路 755 号（邮政编码 200041）
经　　销 / 全国新华书店
印刷装订 / 上海译文印刷厂
版　　次 / 2011 年 6 月第 1 版
印　　次 / 2011 年 6 月第 1 次印刷
开　　本 / 787 × 960　1/32
字　　数 / 80 千
印　　张 / 7.5
书　　号 / ISBN 978-7-5496-0163-9
定　　价 / 25.00元